雪山を愉しむ

関西からの日帰り雪山登山

草川 啓三

目次◎雪山を愉しむ

関西からの日帰り雪山登山

本書について……4

厳冬の山

滋賀県 横山岳 スノーシュー 6
三重県・滋賀県 竜ヶ岳 スノーシュー 10
滋賀県 七々頭ヶ岳 スノーシュー 14
滋賀県 蛇谷ヶ峰 スキー 18
滋賀県・福井県 与助谷山・駒ヶ岳 スキー・スノーシュー 22
滋賀県・福井県 三国山 スノーシュー・スキー 26
滋賀県・京都府 909m峰 スノーシュー 30
滋賀県・福井県 百里ヶ岳 スノーシュー 34
滋賀県・福井県 大谷山 スキー 38
滋賀県 大黒山 スノーシュー 42
滋賀県 武奈ヶ嶽 スキー・スノーシュー 46
滋賀県・岐阜県 霊仙山 スノーシュー 50
滋賀県・岐阜県 伊吹山 スキー 54
岐阜県・滋賀県 金糞岳 スキー 58
滋賀県 武奈ヶ岳 スノーシュー 62
福井県・滋賀県 三十三間山 スキー 66
滋賀県・福井県 行市山・三方ヶ岳 スノーシュー 70
滋賀県 綿向山 スノーシュー 74

春近き山

滋賀県・京都府　八丁平　スノーシュー　82
滋賀県　白滝山・蓬莱山　ワカン　86
滋賀県・京都府　三国岳　スノーシュー　90
滋賀県・岐阜県　猫ヶ洞　スノーシュー　94
福井県・岐阜県・滋賀県　三国岳・左千方　スノーシュー　98
岐阜県　1745・9m峰　スキー　102
滋賀県・岐阜県　射能山　スノーシュー　106
福井県　銀杏峰　スキー　110
岐阜県・福井県　薙刀山　スキー　114
富山県　猿ヶ山　スキー　118
福井県　経ヶ岳　スキー　122
滋賀県　三重嶽　スノーシュー　126
滋賀県　安蔵山　スノーシュー　130
兵庫県・鳥取県　氷ノ山　スキー　134

雪山登山の装備について……78
山の位置図……80
関西とその周辺の雪山コース①……138
関西とその周辺の雪山コース②……140
あとがき……142

写真

大扉（三十三間山）……1
目次（三重嶽）……2
扉・厳冬の山（朽木三国岳）……5
扉・春近き山（三重嶽）……81

本書について

◎本書では〝厳冬の山〟と〝春近き山〟に章を分けているが、季節は行きつ戻りつしながら進んでいるので、ここでは山行月日順に並べて、ある日にちを境にして区切っている。

◎コースタイムについては、ラッセルの程度やパーティの人数、スキーかスノーシューかなどの条件によっても、大きく左右されるので、ここに書かれたコースタイムはあくまで目安といった程度のものと考えていただきたい。

◎本書での雪山登山は、山スキーとスノーシュー・ワカンによるもので、ここに紹介したスキーで登っている山でも、スノーシュー・アイゼンで問題なく登れる山がほとんどである。しかし逆に、スノーシュー・ワカンでの山では、雪の条件にもよるが、スキーで登れる山は限られている。

◎紹介した山は日帰り登山ができる範囲内で、標高1800m以下の山を選んでいる。ほとんどがいわゆる低山とされる山で、地形的に岩場が露出しているなどの危険性があまりない山が多いが、1200mくらいから上の山では、稜線部は低灌木で積雪によって灌木は埋まっている。稜線の急斜面での滑落や雪庇《せっぴ》の踏み抜きには充分に注意をし、急斜面ではアイゼンの着用など早めの対処が重要となる。雪庇は冬の北西風によって、稜線の南、東側に大きく張り出す雪の庇《ひさし》で、低山でも2～3mほども張り出している箇所があるので、張り出し側へは近寄らないようにしたい。

◎雪山での主な事故には前述の滑落や雪庇の踏み抜きのほか、雪崩、雪庇の崩落、ルートの消失、悪天候による低体温での衰弱などがある。雪崩に関しては紹介コースでは可能性は低いが、過去に起こったところもあるので、大雪時には充分に注意したい。雪庇の崩落は稜線の下を歩いている時などでは、春山での気温の高い時には特に気をつけたい。本書では経ヶ岳の宿谷川では頭上に大きな雪庇の張り出しがあった。ルート間違いは低山では最も多く、滑落事故などにもつながっている。地形図での確認と併用して、GPSを使用して使いこなせるようにしてほしい。GPSの使用は雪山に限らず、多くの道迷い事故を防ぐことができる。そして出発前には天気予報を必ず確認して、悪天候の予報では登山中止の判断をしてほしい。また行動時の悪天候では、早めの進退の対処が第一となる。装備については緊急ビバーク等の万が一に備えて、予備の衣類、ツェルト、ヘッドランプ、非常食などは必ず携行してほしい。

◎公共交通機関を利用する場合は、バスなどは運行本数も少なく、多くの山では日帰りの登山は時間的に難しい。一泊以上の登山の参考としていただきたい。

◎自家用車でのアクセスの場合、タイヤチェーンやスタッドレスタイヤ装着の冬装備が必携である。また登山口での駐車に関しては、細心の注意をはらっていただきたい。

厳冬の山

滋賀県

横山岳《よこやまだけ》

△1131・7m

菅並→西尾根→横山岳往復

2009・12・23

手強い山も登れてしまった

雪山シーズン初めての山として選ぶには、横山岳はちょっと手強すぎるように思えた。もうかなり雪があることは分かっていたし、パーティは雪山に慣れた人ばかりではなく、おまけに西尾根は長い。山頂まで登ることはかなり厳しいのでは、というのが登山前の思いだった。

横山岳は今まで何度も登っている。積雪期には一度東尾根からスキーで挑戦しているが、かなり厳しいラッセルとなり、やっと主稜線に達しただけで引き返したという思い出がある。こんな経験がネガティブに影響しすぎているのか、このたった一度の経験から、雪が締まった残雪期以外の雪のある時期の日帰り登山は、とても無理だと思い込んでいた。

ところがである、山頂まで登れてしまった。新雪期のラッセルの強さや下りのスピードに優れた、スノーシューならではの登山で、その威力をまざまざと感じさせてくれた。

横山岳の無雪期の一般的なルートといえば、白谷コース、鳥越峠からの三高尾根コース、東尾根コースなどがあるが、いずれも雪の時期には使いにくいコースである。その点、菅並からの西尾根は長いが、集落から取り付ける積雪期向きのコースといえるだろう。どか雪直後でなければ、山頂まで充分に届くルートであることが分かった。

ラッセルを繰り返して横山岳から北へと延びる主稜に出たときはほっとした。まだ雪も少なく小さな木々も埋まっていなかったが、ブナの続く尾根は思った通り美しく、新雪期に湖北の主峰といえるピークに立てたことに感動した。

●コース案内

無雪期の横山岳は杉野川側から幾つかある登山道がメインコースとなっている。西側の高時川の菅並からも近年、西尾根、小市川などのコースが登られている。積雪期では東の杉野からはどのルートからも厳しいのだが、一方の菅並からの西尾根は、ルートがかなり長いものの、集落から取り付けるので、新雪が深い時でない限りは、頂上まで届くルートといえる。また雪が締まった時期には、この西尾根が上部で合流する、北尾根（小原付近まで延びている）を歩く人もいる。私も無雪期には歩いているが、距離が長くハードなルートである。

西尾根は菅並の大ケヤキから白谷へ入りそのまま谷通しか、集落裏の杉林を登り林道に出て取り付きへ。ここから主稜線の北尾根まで、急斜面のラッセルがひたすら続く。北尾根まで登ると山頂は近い。北尾根に1時頃までには登り着かないと下山が苦しくなる。

下山路はほかには三高尾根を下って、・599mピークから尾根通しに小市川へと下るルートが考えられるが、往路を戻るのが無難。

▼コースタイム〈スノーシュー〉

菅並（4時間35分）横山岳（2時間10分）菅並

▼アクセス　JR木之本駅から余呉コミュニティバスが菅並の洞寿院《とうじゅいん》まで走っている。朝2本あるが、マイカーが便利。車では北陸自動車道木之本ICから国道365号を北上、中之郷《なかのごう》で県道284号へ入って菅並へ。

▼アドバイス　危険箇所はなく樹林帯が最後まで続くが、コースが長い。雪が締まった時期向きのコースで、新雪期は体力勝負となる。新雪期ではワカンよりはスノーシューが断然有利。

▼2.5万図　川上、横山、木之本、中河内

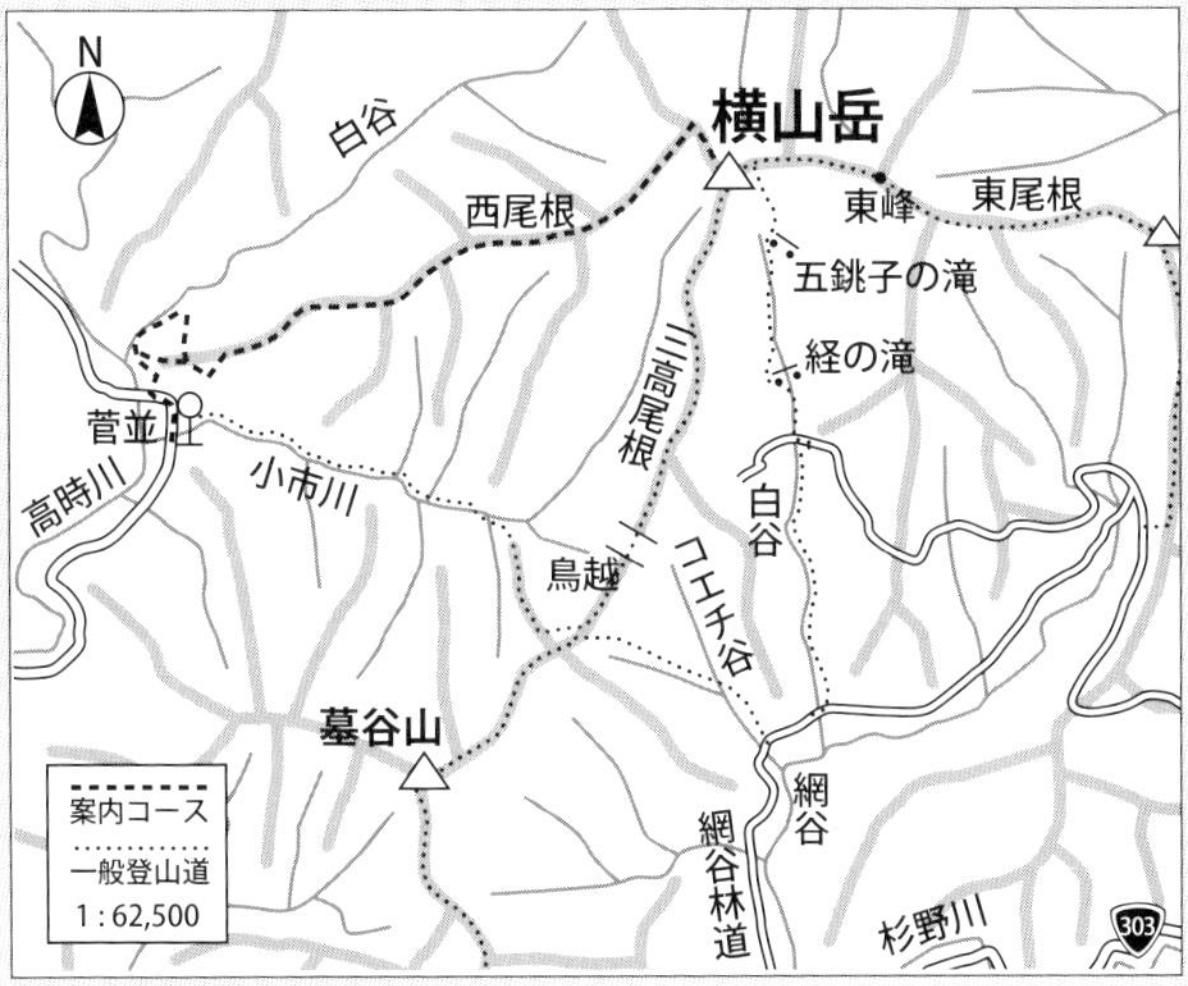

4
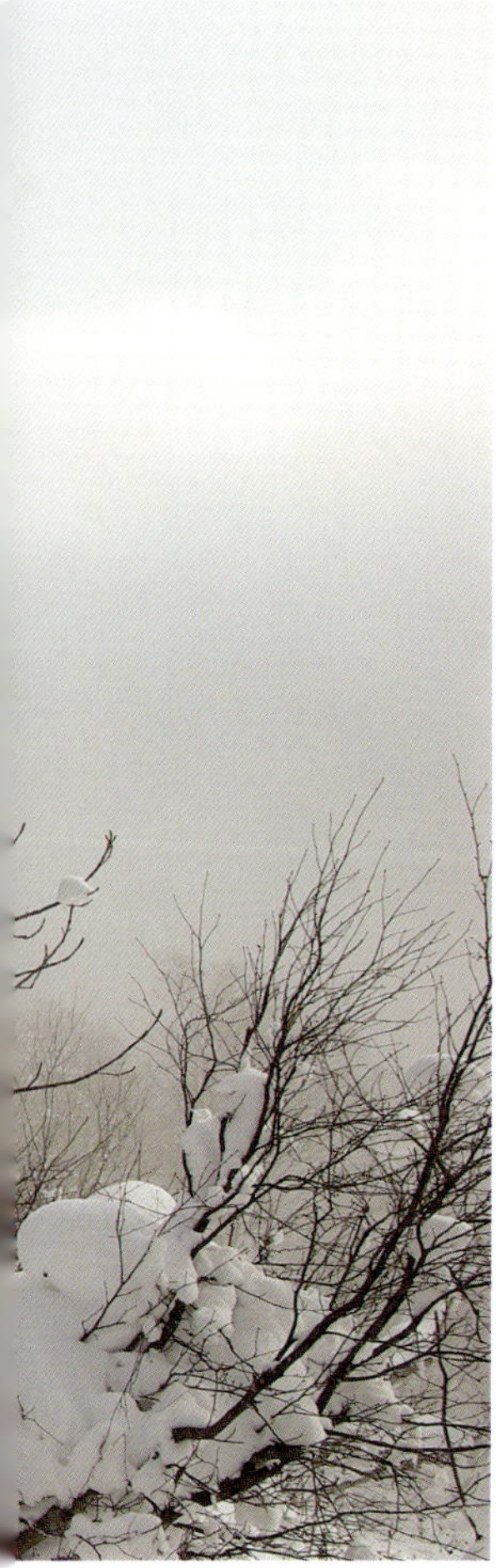

1

2

3
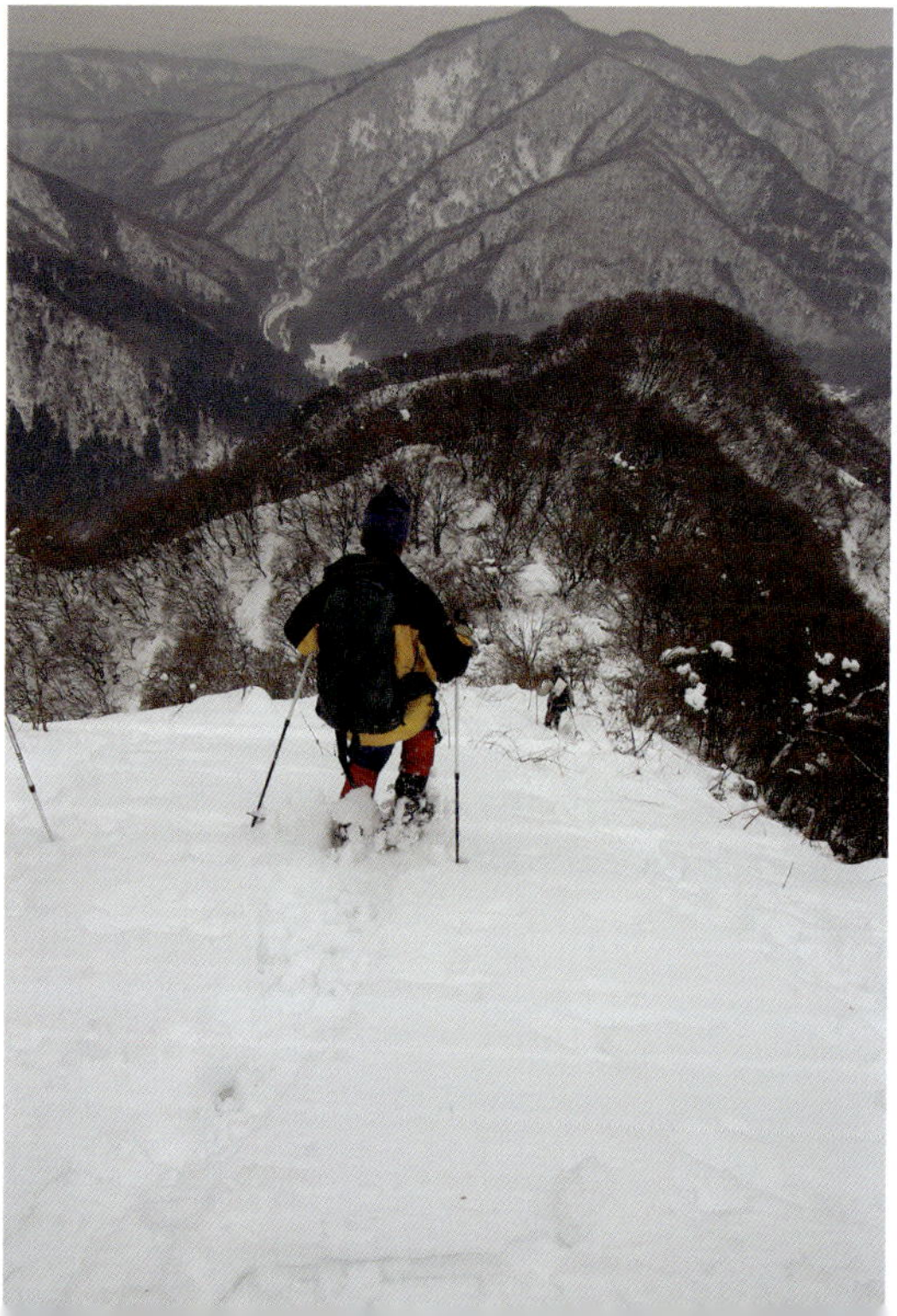

1 主稜線に近づくと大きなブナが出てくる。ラッセルが深くて苦しんだが、ここまでくればもう大丈夫。
2 多くの灌木が出ている初冬らしい風景だが、充分に雪山を楽しませてくれた。
3 広い雪面が広がる急斜面を駆け下る。スノーシューならではの楽しみだ。

5

4北尾根に出たところで、漂うガスの間から、柔らかな光りが漏れてきた。頂上はもうこの先、厳しいラッセルを続けて登ってきた私たちの気持ちの中にも、ほわっとした温かさが入り込んできたようだった。
5山頂もまだまだ雪は少ない。この季節にこの山頂に立った人はあまりいないだろう。

三重県
滋賀県

竜ケ岳《りゅうがたけ》 △1099・3m

宇賀渓↓遠足尾根↓竜ヶ岳往復

2012・1・2

雪山なればこそ

雪の山は想像した以上に美しい。普段は何でもない稜線なのに、ひとたび雪がつくと思いもしないような風景が展開する。これが雪山の何よりの魅力である。いつも行く千メートル前後の山でこうだから、厳冬の高嶺《たかね》ではどんな姿を見せてくれるのだろうか。

思い起こせば、初めての北アルプスの冬山で見た、蒲田川《がまた》槍平からの夕焼けの穂高や、白馬岳のモルゲンロートの赤い輝きが、ここまで山を続けてきた大きな力となっているのだと思う。今では高き山々を眺めることはあっても、その山々の懐に入る力はもうなくなった。

しかし今も登る低い山々の雪山風景も、まだまだ山を続けて行こうという力になってくれる。普段見慣れた鈴鹿の竜ヶ岳から見た山稜は、思いもかけない美しいものだった。

その竜ヶ岳へはメインルートとなっている遠足尾根を登った。正月早々で雪があるだろうかと心配したが、結構雪も積もっていて、雪山歩きが楽しめた。駐車場に停まる車も多く、登山ブームとでもいうのか、一時は登る人が少なかった雪山にも、また登る人が増えてきたことは嬉しかった。若い登山者が増えたことも喜ばしい。

低山といってもさすが冬山、県境稜線まで登ると強い風が吹きすさび、雪煙上げる稜線の雪面に風が模様を描いていた。さらに登ると、稜線の笹原に点在する木々が、雪面に長い影を落とし、眼下はるか彼方に、ほのかに赤く伊勢の海が光っていた。いつまでも心に残る風景の大切さ、山に登るたびにいつも思うことである。

●コース案内

竜ヶ岳の登山コースは多くあるが、最近開かれた遠足尾根がメインコースとなっている。冬期も遠足尾根を登る人がほとんどで、同じ宇賀渓《うがけい》からの金山尾根もルートとなる。また滋賀県側からの太尾《ふとお》なども面白いが、冬期はアプローチが問題となる。

遠足尾根の取り付きは植林地で、尾根上に出ると雑木林となり途中から山頂まで笹原へと変わる。それだけに積雪が少なくても美しい雪稜が形成され、好天時には雄大な風景が広がって、スケールの大きな山登りが楽しめる。また山頂からは360度の眺望があり、眼下に広がる伊勢の平野と海の向こうには、遠く知多半島も望むことができる。

遠足尾根は無雪期にはよく踏まれたコースで、危険箇所もなく登りやすい尾根だが、上部は樹林がなく広い笹尾根となるので、悪天候時は風当たりが強く、厳しいルートとなる。宇賀渓から別コースを往復するのなら、遠足尾根から金山尾根へと周回することができる。

▼コースタイム〔スノーシュー〕 宇賀渓（35分）遠足尾根取り付き（3時間）竜ヶ岳↓遠足尾根（1時間50分）宇賀渓

▼アクセス　宇賀渓までは路線バスはないので、阿下喜からタクシーか、マイカーとなる。マイカーでは、名神高速道路の八日市ICから国道421号で八風《はっぷう》トンネル（冬期通行可）を抜けて宇賀渓へ。三重県側からでは東名阪四日市ICから国道306号、国道421号で宇賀渓へ。宇賀渓に有料駐車場がある。

▼アドバイス　竜ヶ岳は積雪量は少ないので、登山時期は一二月末から二月いっぱいくらい。遠足尾根上部は笹原なので、好天時は快適なコースだがルートが長く、冬型気圧配置の時は風当たりが強いので注意したい。

▼2.5万図　竜ヶ岳

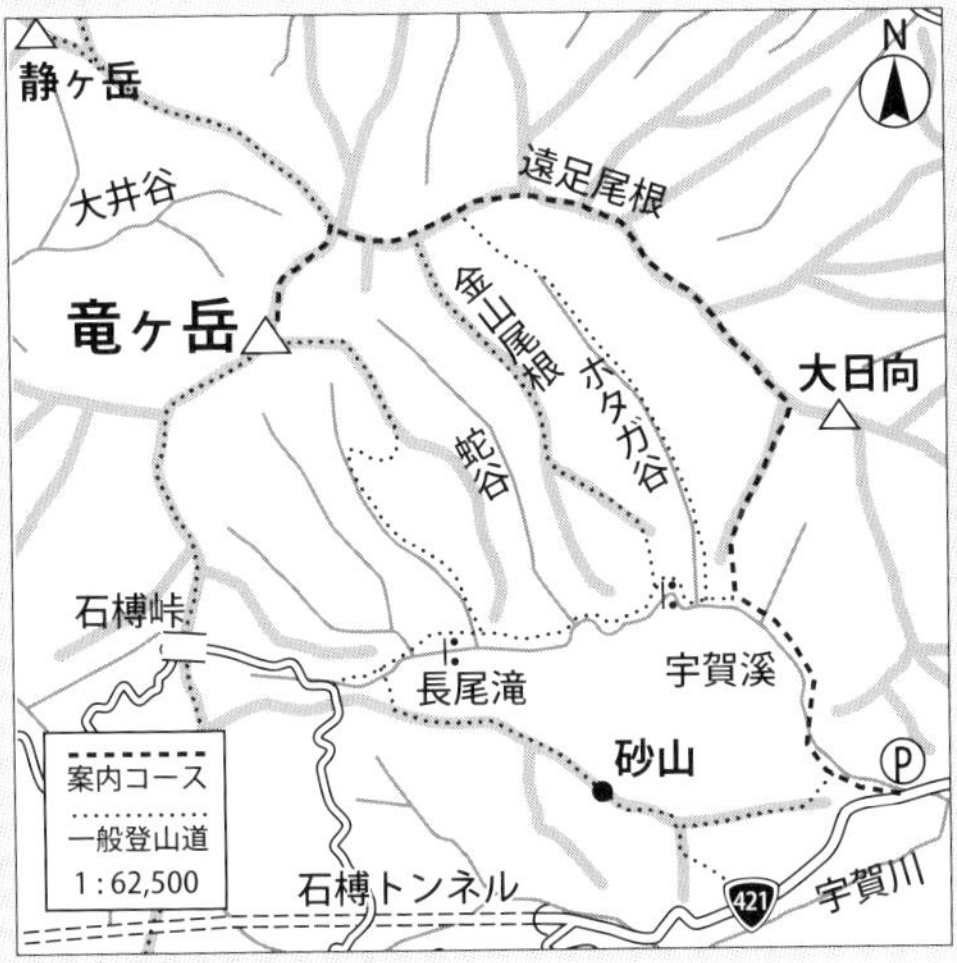

1

2

三重県・滋賀県
竜ヶ岳

1雪面に落とす木々の影と、遠く伊勢湾へと差し込む光り。そのとき限りの気象条件が織りなす、一期一会の風景との出会いが雪山へと誘い込む。

2今や竜ヶ岳のメインルートとなっている遠足尾根。正月ではまだ雪が少ないが、取り付きやすいこともあって、登山者も多かった。

3

4

5

3頂上直下ですれ違った単独の登山者。登る人は結構多かったが、風が強くて天気が安定せず、頂上まで登った人はほんの僅かだったようだ。
4稜線では吹きすさぶ烈風が雪煙を上げていた。
5 4の写真の真ん中あたりのアップ。吹き抜ける風が雪面に美しい模様を描く。

滋賀県

七々頭ヶ岳《ななづがたけ》

△693・1m

菅並↓七々頭ヶ岳↓上丹生

2010・1・11

高時川と七々頭ヶ岳

　自分の山登りの感覚に合う山というものがあると思っている。どんなところがと問われても困ってしまうのだが、何回登ってもいい山だったなと思う山がある。七々頭ヶ岳はそんな山である。

　七々頭ヶ岳が気に入っているところをあげてみると、まずひとつは、積雪期に登るに適度なボリュームの山で、雪が締まった頃に登るには少し物足りないが、上丹生《かみにゅう》、菅並の両コースを周回すると、新雪期の日帰りの山としては手頃なスケールの山となる。また、雪が締まった季節には、菅並から七々頭ヶ岳、妙理山《みょうりやま》、東妙理山へと周回するコースや、摺墨《するすみ》から新谷山、七々頭ヶ岳と周回するコースをとることができ、登山者にとっては変化がある面白い周回コースがとれる。

　その二は美しいブナ林が残されていることである。大きなブナのある山というのは、登って気持ちがいい。これも重要なことであろう。そしてその三は、山麓の上丹生から見る、七々頭岳と高時川の組み合わせの美しさである。どうでもいいことと思われるかも知れないが、私にとっては最も重要な点だと言える。楽しく気持ちよく歩くことも必要だし、麓から山を見る、山上から眺望を楽しむということもまた大事なことである。次ページの[6]の写真を見れば、私の気持ちも分かってもらえるのではないだろうか。

　麓から見る山と川の風景もよかったが、もちろん新雪を踏んでのブナの雪山歩きは楽しいものである。そして登る途中から見た上谷山と左千方の白き輝きは、次なる山へと誘うモチベーションを大いに高めてくれた。

●コース案内

無雪期の七々頭ヶ岳には二つのコースがあり、積雪期もこのコースがルートとなる。里に近い山でアプローチもよく、新雪期に登りたい山である。雪山のシーズン始めにはいいトレーニングのコースとなるだろう。

菅並からのコースは登山口にブナ林がある。この付近は標高僅か200m程度で、とてもブナの生育環境ではないのだが、多量の積雪のせいか、この標高でもブナが生育するという貴重なブナ林となっている。しかしこの付近より上部は、山頂付近に登るまでブナはない。このコースからは目の前の安蔵山から横山岳、上谷山、左千方《させんぼう》など、福井、岐阜県境の山々が眺められる。

ブナ林に関しては、上丹生からの登山コースには、山頂から標高400m辺りまで見事なブナ林が広がっている。七々頭ヶ岳と言えばこのブナの山という印象が強い。

七々頭ヶ岳からさらに足を延ばすルートとして、北西稜線から妙理山へ登り、南東尾根を東妙理山から菅並の六所《ろくしょ》神社へと下る、妙理川をぐるりと回るルートは面白い。かなりの長いコースとなるが、雪が締まれば周回可能となる。

また南側の摺墨からも、摺墨川から白浪越、新谷山、七々頭ヶ岳へと尾根の周回も日帰りで可能だ。七々頭ヶ岳から上丹生へと下るコースの尾根上の峠から、上丹生とは逆に摺墨へ下る昔の荒れた道がある。このルートは山稜にずっと林道が走っており、面白味に欠けるがルートが確定できるので、安心感がある。

▼コースタイム〔スノーシュー〕

菅並（1時間50分）七々頭ヶ岳（1時間10分）上丹生

▼アクセス 菅並、上丹生までは横山岳と同じ。取り付きは住宅地内なので駐車地には注意をはらってほしい。

▼アドバイス 上丹生、菅並両コースとも比較的分かりやすく距離もそんなにないので、初心者向きの雪山といえるが、冬季に登る人はあまりいない。上丹生からの登山コースがよく登られているようだが、主稜線に出てからかなりの急登がある。周回コースとするのがベストコース。

▼2.5万図 中河内、木之本

1

2

滋賀県

七々頭ヶ岳

1山頂から上丹生へと下るコースの途中には、大きなブナが集まる林が残されている。この山の最大の見どころであり、このブナ林があってこその七々頭ヶ岳であろう。

2山頂から上丹生へと下り始めたところにある大ブナ。姿の美しい、この山を象徴するようなブナである。

4

3

5

6

3菅並からの道が明瞭な尾根に乗ったところで一休み。登山口付近の標高200mという低地に、珍しいブナの林があるが、このコースは山頂付近に登るまでブナはなく、植林地や雑木林が続いている。
4 上丹生コースはこの付近まで下ってから、東へと高時川に向かって小さな尾根の急斜面を降りて行く。
5菅並コースを登って行くと高時川源流の山々が見えてくる。左に上谷山、右に左千方と、県境稜線の山々がひときわ白く輝いていた。

6高時川畔の上丹生から見上げた七々頭ヶ岳。均整のとれた美しい姿は丹生富士と呼ばれて親しまれている。

滋賀県

蛇谷ヶ峰《じゃだにがみね》 △901.5m

いきものふれあいの里跡↓蛇谷ヶ峰往復

2012・1・15

スキーは楽し

比良山系で山スキーができる山といえば、この蛇谷ヶ峰くらいだろうか。初めてスキーでこの山に登ったのは、もう三十年以上も昔、革の登山靴にワイヤーのビンディングという装備の時代だ。

この時の山行はほとんど記憶には残っていなくて、登ったルートも忘れてしまったが、滑って下りたのは、現在朽木スキー場となっている斜面だった。当時はまだスキー場ではなく、立木のない大斜面が広がっていた。ここから入部谷越《にゅうだにごえ》をトンネルで抜ける林道を、琵琶湖側の富坂へと下ったとかすかに記憶している。

このスキーで登った蛇谷ヶ峰で、鮮明に頭に残っていることがひとつだけある。それは現在スキー場となっている立木のない大斜面を、きれいにターンして滑ることができた。ざっくりと緩んだザラメ雪で、もっとも滑りやすい雪質であったのだが、初めて気持ち良く滑れた山スキーであった。よっぽど嬉しかったのか、下りてから自分のシュプールをずっと眺めていた。こんないい思い出だけが断片的に残ってきたから、この年まで山スキーを続けてこられたのだろう。

これ以後、雪の蛇谷ヶ峰にはいろいろなルートから、ワカンで、スノーシューで、スキーでと何度も登っているが、やはり楽しかったのは、山スキーでの登山だった。雪がそんなにも積らない山なので、チャンスを捉えるのが難しいが、いきものふれあいの里（現在は廃館）からのルートは、雪が少なくても意外と快適に滑ることができた。できるだけ気温の低い時（一月〜二月初旬）を狙うことだろう。

●コース案内

比良山系では、武奈ヶ岳とこの蛇谷ヶ峰が最も人気のある山で、無雪期、積雪期を問わず週末は登山者で賑わっている。何よりもアプローチに恵まれているので、どのコースをとっても、取り付きやすい山である。山頂からは眼下に琵琶湖が広がる大きな眺望が得られる、明るい開放感が魅力。雪山初心者にも近づきやすい山である。

登山コースは非常に多く、メインコースとなっているのは「いきものふれあいの里」跡からの尾根コース。積雪期であれば朽木《くつき》スキー場からが最も短いルートで、ほかにはグリーンパーク想い出の森コース。朽木大野からの西尾根、朽木村井からの南西尾根、東側の畑、須川峠からの南山稜などのルートがある。一番登り応えのあるのは大野からの西尾根で、ぜひ挑戦していただきたいルートである。

いきものふれあいの里跡からはすぐ尾根に取り付くルートと、スンゴ谷から尾根に取り付くルートと、カツラの谷からのルートがあるが、積雪期は尾根からのルートが登りやすい。

スノーシューなら問題はないが、スキーではある程度の積雪がないと難しい。ずっと樹林帯の尾根だが、雪さえあれば山頂から登山口まで滑って下れるほどの快適な尾根となる。

▼コースタイム〔スキー〕　いきものふれあいの里跡（2時間15分）蛇谷ヶ峰（50分）いきものふれあいの里跡

▼アクセス　江若《こうじゃく》バスは朽木学校前までしか運行されていないので、車利用となる。国道367号の朽木支所から安曇《あど》川右岸へ渡り、下柏《しもかせ》からいきものふれあいの里跡駐車場へ。

▼アドバイス　ずっと尾根通しの分かりやすいルート、積雪期でも登山者は多い。尾根は雑木林か植林地で、山頂直下だけ丈の低いブッシュ帯となるので、そんなに季節風の影響は受けない。ルートは樹林帯だが意外とスキーでも滑れる。しかし積雪量が少なく尾根も狭いので、積雪直後を選んで登りたい。

▼2.5万図　北小松、饗庭野《あいばの》

2

1 山頂直下の斜面。琵琶湖を眼下に望みながらの登高は、比良ならではの魅力となっている。比較的雪の多い年でも、この灌木が隠れるほど積もらない。何とかスキーで滑れる程度の積雪量だ。

2 山頂直下の登り。ここは急斜面だが、いきものふれあいの里登山口から山頂まで、緩やかな登りが続く、登りやすいコースである。

滋賀県
蛇谷ケ峰

3

1

4

5

3山頂直下の斜面を滑る。この付近だけが灌木のない斜面が広がっているが、陽当たりがいいだけに快適な雪質は望めない。
4この林の中を登ると山頂直下の広い斜面に出る。
5杉林の中は陽当たりが悪く風も通りにくいので、比較的雪は軽い。尾根は狭くてもスキーにとっては快適な斜面だった。

滋賀県
福井県

与助谷山《よすけだにやま》・駒ヶ岳《こまがたけ》

Ca750m　△780・1m

木地山↓与助谷山往復
木地山↓与助谷山↓駒ヶ岳↓木地山

2012・1・28
2011・3・5

懐かしの雪山

朽木の木地山《きじやま》からの駒ヶ岳へは、季節を問わず訪れている。我が家からだと、比良を除けば最も手軽に登れ、雪山も存分に楽しめる山である。

美しいブナの雪山にこんなにも手軽に取り付ける山はあるだろうか。標高の割には雪も豊富にあるので、スキーでも登れるのではないかと、福井県側の熊川《くまがわ》の河内《こうち》からと、滋賀県側の木地山からと二度登っている。二度とも思ったよりスキーを楽しむことができたが、標高が低く雪が融けるのも速いので、スキーでは、やはり新雪期のどか雪が降った直後がいい。八〇〇メートル足らずの小さな山だが、自分の思いにしっくりとくる山で、好きな山のひとつである。

二度目の駒ヶ岳の雪山は、与助谷山南尾根からスノーシューで与助谷山、駒ヶ岳へ登り、焼尾東谷の左岸尾根を下って、木地山へと周回している。新雪が深くて苦しみながら、何とか駒ヶ岳まで登ったのだが、単独だったので無理して突っ込みすぎたかなと、ちょっと冷やっとさせられた。

翌年に同じ尾根をスキーで登っている。この時も新雪が深く、与助谷山まで登って往路を下っただけだった。前年に与助谷山から駒ヶ岳の間で苦しんだので、無理をしなかった。

木地山の登りから柴犬が先導してくれて、結局山頂まで一緒に登ったのだが、いつの間にかいなくなってなってしまった。下りのスキーでもたもたしているのを見て、じれったくなって先に下りたのだろう。ラッセルが深くて駒ヶ岳まで行けなかったのは残念だが、こんな低い山でもそれなりに滑ることができて、楽しい山スキーができた。

●コース案内

無雪期では滋賀県側は木地山から、福井県側は河内から登山道がある。雪のある時も同じルートが使えるが、焼尾西谷、東谷の間の尾根を登るのが、駒ヶ岳への最短ルートとなる。この山は標高は高くないが積雪量は多く、樹林帯が続くので、雪山初心者にもうってつけの山と言えるだろう。山頂からは北側の眺望が大きく開けている。

ここで紹介しているのは駒ヶ岳の西の与助谷山の南尾根で、下りは焼尾東谷の左岸尾根を下っている。このルートから駒ヶ岳へは、距離が長いのでラッセルが深いと苦しいが、少し雪が締まってくれれば、充分に周回できるコースとなる。

他にもう一本、焼尾西谷の右岸尾根もルートとなる。雪の量や雪の締まり具合、体力などに応じて選べばいいだろう。どの尾根も取り付きは急だが、問題になるところはない。

与助谷山南尾根は植林地が多いが、どの尾根もブナが続く落ち着いた尾根で、歩いていても気持ちがいい。

▼コースタイム（スキー）　木地山（2時間30分）与助谷山（1時間20分）木地山

▼コースタイム（スノーシュー）　木地山（1時間55分）与助谷山（1時間35分）駒ヶ岳（1時間10分）焼尾東谷左岸尾根下降点（55分）木地山

▼アクセス　登山口となる木地山までは高島市営のバスがあるが、日帰り登山では時間的に厳しい。マイカーでは、国道367号の三ツ石で西へ北川沿いの道に入り、すぐの分岐を右に麻生川沿いの道へと入る。この道の最奥が木地山集落となる。

▼アドバイス　どの尾根を登るにしても、稜線まで樹林帯が続いて取り付きやすい。尾根はスキーに適しているとはいえないが、与助谷山南尾根は比較的疎林となっており、登り返しもないが、下部は灌木がうるさく傾斜もないので、あまり面白いコースとはいえない。スキーにしてもスノーシューにしても、新雪期のどか雪の後が面白い。

▼2.5万図　古屋

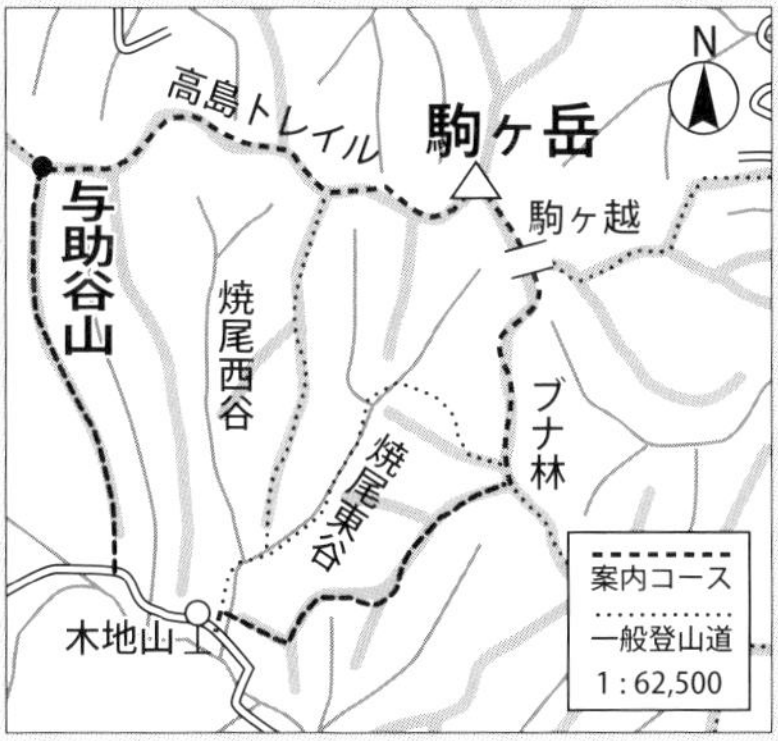

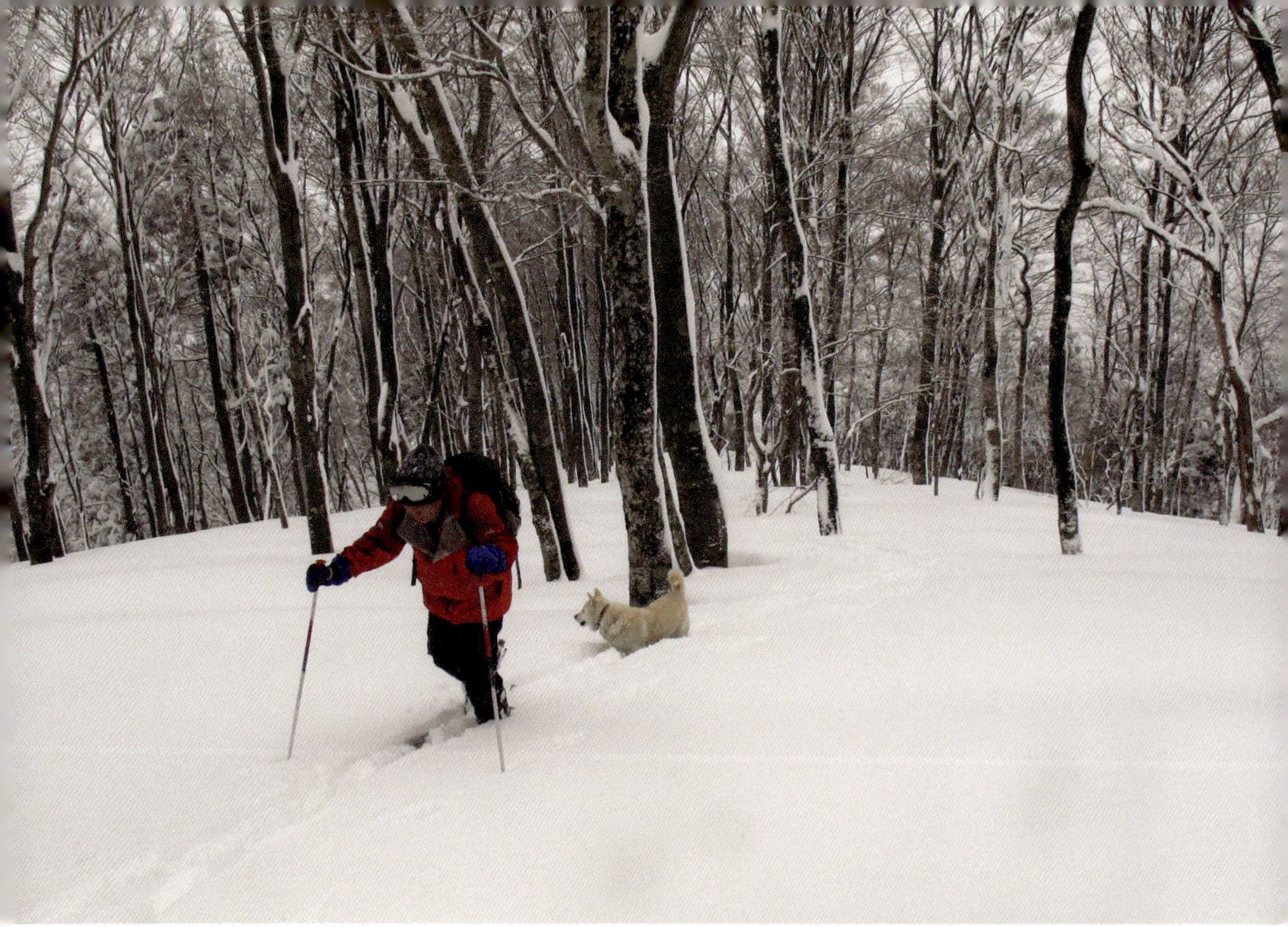

1

2

3

与助谷山南尾根往復〔スキー〕

1木地山集落から柴犬が案内してくれた。降ったばかりの深雪で、三人でのラッセルは苦しかったが、何とか与助谷山の頂上に登れた。

2立木は混み傾斜も緩くて、スキーではそんなに快適とは言い難かったが、降った直後の雪が、山を楽しませてくれた。

3植林地が多く緩い傾斜の尾根にスキーは滑ってくれなかったが、新雪の深雪に満足できたシーズン初スキーだった。

5

4

与助谷山から駒ヶ岳〔スノーシュー〕

4与助谷山から駒ヶ岳への稜線はすっぽりと新雪に包まれていた。杉の木に積もった雪を見れば分かるように、重く湿った雪、ラッセルも辛かった。

5駒ヶ岳のブナの稜線。木地山へと焼尾東谷左岸尾根を下った。見事なブナ林が続く雪の稜線は美しく、一人歩きでもまったく退屈しなかった。

滋賀県
福井県

三国山《みくにやま》 △876・1m

黒河林道↓明王の禿南東尾根↓三国山往復
黒河林道↓黒河峠↓三国山往復

2011・2・2
2012・3・4

身近で手軽な雪山ルート

滋賀県は四県と境を接している。旧国名でいえば七ヶ国にもなり、三つの国の境となる三国山(岳・峠・塚)の山名を持つ山は七つを数える。

ここで書くのは近江・越前・若狭の境をなす三国山である。よくある山名であり、標高も九〇〇mにも届かないので、目立たない地味な山だと思われているようだが、なかなかどうしていくつもの魅力を持っている。

春のオオバキスミレやカタクリ、初夏のキンコウカの群生、夏の沢登り、秋の紅葉、野坂岳からの縦走、そしてここに上げる冬のスノーシューで登る尾根や、県内では珍しく山スキーを楽しめるコース、何をとっても私の想いに共鳴してくれる山であった。

雪の明王の禿《はげ》南東尾根は、アプローチに恵まれているし、何よりもルート上で出合う風景がいい。尾根を登って行くと緩く浅い源流状の谷に出る。そして豪快に切れ落ちた明王の禿を眺める登りとなるとさらに一転、ゆったりと広がる稜線へと変化して山頂に着く。山頂からの雄大な眺めも最高。にもかかわらずここには無雪期の登山道がなく、まず人と出会うことはない。すぐ隣の赤坂山へはスノーシューの登山者が連なっているのに、三国山は静かなことこのうえない。いつも思うことだが、スノーシューは人のトレースに頼らず、もっと自由にルートを選んでこその道具であろう。

もうひとつ、マキノ林道からのクラシックコースは、近郊の山では手軽に楽しめる山スキー定番ルートとなっている。山頂から黒河峠までは短いが、気持ちのいい滑降コースである。

●コース案内

マキノ林道を黒河峠へと登り、峠から三国山へと往復するコースは雪山入門コースとなっている。山スキーでもマキノ林道を最後まで滑って下りられるので、恰好の入門コース、足慣らしコースとなっている。最近は積雪も少なく、雪解けも早くなっているので、林道は地肌が出るのも早くなっている。雪の状況を確認して入山するようにしたい。

明王の禿南東尾根は登山道はないが、マキノ林道入口からダイレクトに稜線へと登れる尾根。下部の急斜面のラッセルでは苦しめられるだろうが、雪のついた明王の禿をすぐ目の前にするルートは、低山とは思えないスケールを感じることができる。一気に切れ込んだ斜面の先に広がる琵琶湖の眺望が素晴らしい。新雪期にスノーシューでこのルートを下りにとれば、短時間に下ることができ、スノーシューの威力をまざまざと感じることができるだろう。下りにこのルートをとる場合は、一度登って確認しておきたい。

一般的なルートとしてはマキノスキー場から赤坂山、三国山と登るルートもある。ルートが長いので、新雪期は厳しい。

▼コースタイム〔スノーシュー〕
マキノ林道入口（3時間10分）明王ノ禿（25分）三国山（2時間）マキノ林道入口

▼コースタイム〔スキー〕
マキノ林道入口（1時間20分）黒河峠（1時間15分）三国山（30分）黒河峠（25分）マキノ林道入口

▼アクセス　登山口のマキノ林道入口へはJR湖西線マキノ駅から白谷温泉まで、高島市コミュニティバスがある。車では国道161号のマキノからマキノスキー場への道を北上。マキノ林道入口付近の路肩に駐車。雪があっても広く除雪されていて、駐車スペースもある。

▼アドバイス　明王の禿南東尾根は、登山道がないルートなので慎重に登ってほしい。マキノ林道、黒河峠からのルートは雪山入門コースである。

▼2.5万図　海津、駄口

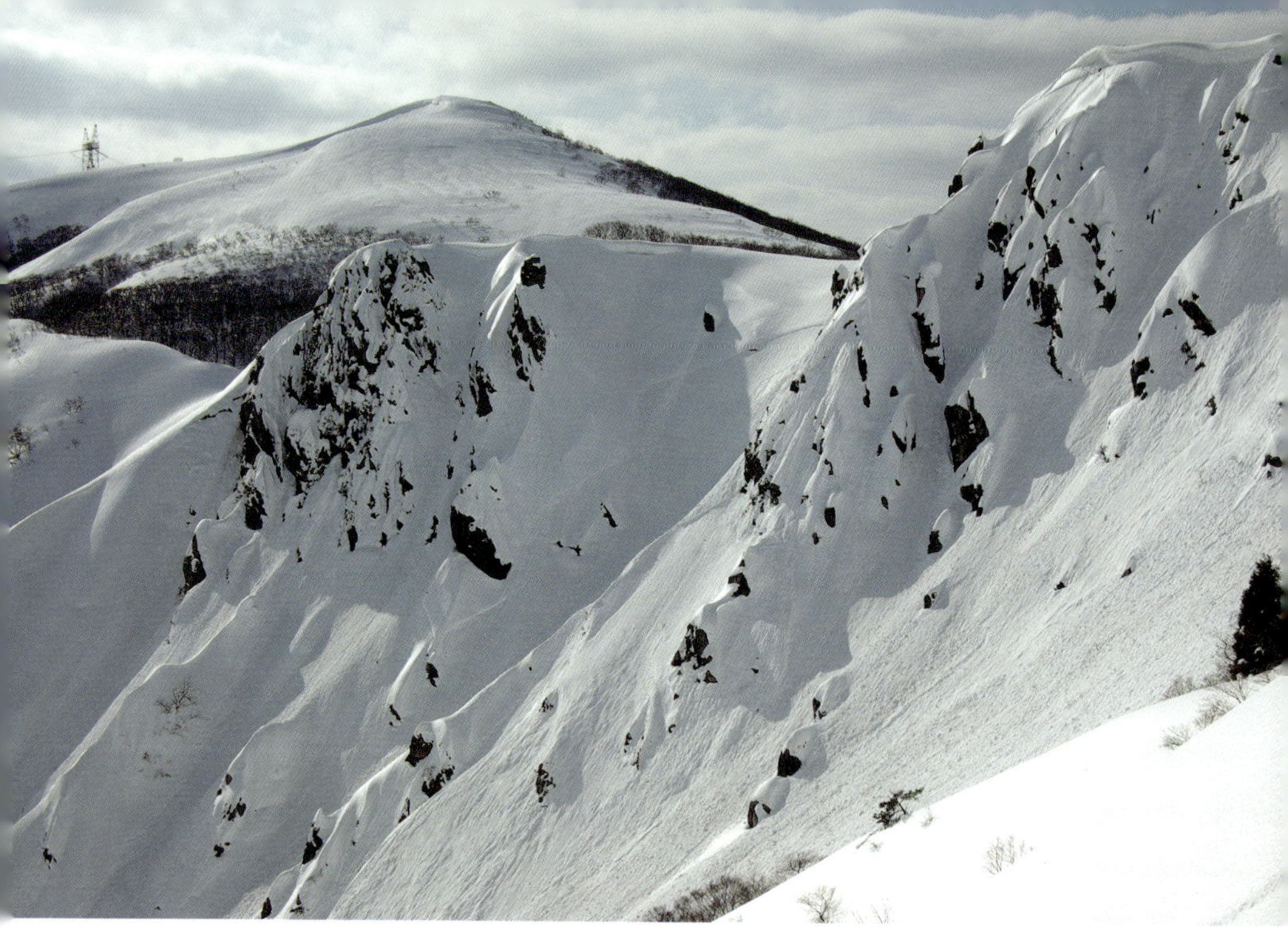

1

2

明王の禿南東尾根〔スノーシュー〕

1明王の禿直下に出るとガレの切れ込みが前に立ちはだかる。積雪期のアルプスを思わせる風景に圧倒される。

2尾根の急登を登り詰めると、浅い谷間の横を通って明王の禿直下に出る。地形の変化が楽しい尾根である。
3 明王の禿の急登を詰め上がると、広く緩やかな尾根が山頂へと延び上がる。急斜面のラッセルにへこたれそうだったが、眼下に琵琶湖を望むこの眺めに助けられて、何とか頂上に立った。

3

4

5

6

黒河峠から県境尾根〔スキー〕

4三国山頂上直下。段差ができた大きな平地がこの山の魅力である。無雪期のこの山からは、想像できない風景が広がっている。

5眼下に琵琶湖を眺めながらの頂上への最後の登り。スキーでの登りの最高の時間。滑降の期待感に心が弾む。

6 樹林帯に入っても疎林の中なので、快適にスキーができる。北側斜面の方が雪質もよく、峠まで北側へと回り込んで滑る。最後は黒河峠から林道を滑り下るのがまた楽しい。

滋賀県
京都府

909m峰

平良↓経ヶ岳↓909m峰↓平良

2013・2・3

ホームゲレンデ、朽木の山

朽木《くつき》の山々は私にとっては慣れ親しんだ山である。家から近く、雪が降っても早朝からすぐに除雪されるので、車で入りやすい。また雪山としても、山頂まで樹林があって少々天気が悪くても対応できるので、雪山シーズンの始めに出掛けるには最適の山となっている。境を接する福井や京都との県境の山々にはたっぷりと雪があり、手軽にスノーシューを楽しむにはいい山なのに、登る人は少ない。

雪山としては隣の比良山系が、京阪神からも近くて便利で登山者も多い。対面する朽木にはよく知られた山があまりなく、山間の雪道を走らなければならないことが、雪道運転に慣れない人にとっては、何よりのネックとなっているのだろう。

毎週のように山に出掛けていても、シーズン初めての雪山では、翌日足に身が入ったりする。無雪期の山とは使う筋肉が違うのだろう。特にひとりでのラッセルだったりすると、太ももや股関節などにかなり負担がかかってくるので、標高差の多い山ではかなり応える。その点、朽木の山は比良ほど登りの標高差がなく、シーズンの初めに登る雪山としては適している。

朽木の経ヶ岳からイチゴ谷山、909mへと延びる、京都府県境の山稜は、私のようなオールド向きの山である。平良《へら》谷の林道から稜線に登って経ヶ岳を往復してから、今度はイチゴ谷山から909mピークへと往復して平良へと下った。付近にはブナの巨樹が多く、909mピークへの山稜は雪が締まって快適で、山頂から見る比良の展望が素晴らしかった。

●コース案内

滋賀県朽木の針畑川《はりはたがわ》右岸側には700~900m台の山が連なっており、雪山歩きの良きフィールドを提供してくれる。その山並みの北半部が三国峠、カベヨシ、三国岳で、南半部がここにあげる経ヶ岳、イチゴ谷山（ヘラ谷奥）、909m峰の山々である。無雪期では経ヶ岳が丹波越の登山道にも近く、比較的よく登られているが、イチゴ谷山、909m峰は忘れられたピークといってもいい。しかし雪山歩きとしてはこの三峰の最高峰の909m峰が一番楽しい山であり、ぜひ足を延ばしてほしい山である。

909m峰のどこがいいのか。それは山頂付近が真っ白な雪稜となって続いていることだ。無名だが三つの山では最も山らしい美しいピークを持っている。さらには大きなブナが並び、山稜からは比良の山々の眺望が優れている。

▼コースタイム〔スノーシュー〕　針畑川平良谷出合（2時間30分）経ヶ岳（1時間）イチゴ谷山（ヘラ谷奥）（55分）909m峰（45分）イチゴ谷山（1時間50分）針畑川平良谷出合

▼アクセス　登山口となる平良には高島市営バスが運行されているが、日帰りではバス利用は時間的に厳しく、車の利用となる。国道367号の梅ノ木で奥山川に沿う道に入り、久多川と針畑川が合流する久多川合で右折し、針畑川に沿って遡り平良へ。平良谷出合付近の広く除雪されたところに駐車する。冬季は積雪があっても早朝から除雪されるが、除雪作業の邪魔にならないように駐車すること。

▼アドバイス　平良谷の途中から尾根へと上がる林道があるので、それを利用して登るといい。

909m峰をメインとするなら、時間的に厳しければ経ヶ岳をカットするといいだろう。

下山はイチゴ谷山北東尾根を下っているが、909m峰の北のピークの約890mから東へと延びる尾根（道はない）もルートにできるのではないだろうか。

▼2.5万図　久多

滋賀県・京都府 909m峰

2

3

4

1 909m峰頂上は、雪尾根が堤のように続いて南半分の眺望が開けている。
2 909mピーク頂上手前で、浅い谷を回り込むように雪稜が続いている。谷の源頭には見事な大ブナが立っている。
3 経ヶ岳、イチゴ谷山と縦走してきたが、909mピークが一番いい頂上だった。目の前の比良の武奈ヶ岳の眺めが素晴らしい。
4 経ヶ岳付近には何本かの大きな芦生杉が見られる。

滋賀県
福井県

百里ヶ岳《ひゃくりがたけ》

△931・4m

小入谷越↓百里新道↓百里ヶ岳往復

2015・2・4

弱気の虫との闘い

平成二四年の冬はよく雪が降った。その大雪もようやく収まってから向かった百里ヶ岳では、手も無く追い返された。

小入谷越《おにゅうだにこえ》からの百里新道は、取り付くところが急登となっている。ほんのちょっとした登りで、雪のない時なら二〜三分だろうか。しかしこの時はスノーシューも無力で、もがいてももがいてもずるずると滑り、この取り付きを登り切るのに二〇分くらいかかってしまった。尾根に出ると、植林の杉には凍った雪がすっぽりと付いていた。そのモンスターとなった杉の間を縫ってラッセルを繰り返して二時間以上も歩いたのだが、結局、シチクレ峠までも辿り着けず敗退した。

ワカンからスノーシューに換えてからは、ラッセルもまた楽しという気分になっていたのだが、この時ばかりはそんな思いはまったく湧いてこなかった。ラッセルもきつかったのだが、そのつらさよりも、あまりの雪の量に一人で進むのが恐くなった。メンタル面での敗北だったと、今になって思う。一人でこれ以上行って大丈夫だろうかという弱気の虫が、ストップをかけたのだ。四〜五人パーティでなら登れたかも知れないが、やはり単独は弱い。年を重ねるにつれて、一人の山ではたびたび弱気の虫が現れるが、この心をなだめつつも雪と闘い、その場の状況に応じた判断できるかぎりは健全な登山ができるのだと思うのだが、それがいつまで続けることができるのだろうか。

冬の百里ヶ岳はその翌々年に登ることができた。山頂まで登ったところで青空に恵まれ、弱気の虫も顔を出さなかった。

●コース案内

朽木で900mを超えるピークというのは比良山系以外では、909m峰、三国岳、白倉岳とこの百里ヶ岳である。百里ヶ岳はこの朽木の山の中では、最も積雪量が豊富な山で、京阪神の登山者にとっては、車での登山であれば、アクセスにも優れた山である。

百里ヶ岳はそんな朽木の山では最も奥に位置しているが、車道からすぐ取り付けるという点では、便利な山である。また山頂は県境稜線上にあるので、冬型気候時には季節風がまともに吹き付ける山だが、野坂山地のように草稜の山ではなく、山頂まで樹林におおわれているので、この点でも比較的取り付きやすい山だといえる。

ここに紹介する小入谷越からの百里新道コースは、無雪期では一般的なコースとなっている。積雪期でも一番登りやすいルートで、積雪期にこの山に登る、ほぼ100%の人が使うコースとなっている。他には木地山から大きな東尾根を登るか、小入谷から根来坂《ねごりざか》への林道、あるいは旧峠道を根来坂へと登って、主稜を百里ヶ岳へと至るルートなどが考えられる。積雪期に登る人は少ないが、もっと登られてもいい山である。

▼コースタイム〔スノーシュー〕
小入谷越（2時間25分）百里ヶ岳（1時間20分）小入谷越

▼アクセス　909mと同じ針畑谷の小入谷へは、高島市営バスが運行されているが、バス利用は日帰りでは時間的に厳しく、車の利用となる。国道367号の梅ノ木で奥山川に沿う道に入り、久多川と針畑川が合流する久多川合で右折し、針畑川に沿って遡り小入谷越へ。または国道367号の三ツ石で北川沿いの道へ入り、再奥の生杉手前の小入谷越へ。峠では広く除雪されており、そこに駐車する。冬季は積雪があっても早朝から除雪される。

▼アドバイス　湖西では最も積雪量の多い地域なので、厳冬期はかなりの積雪量となる。尾根も分かりやすく危険箇所はないが、主稜には雪庇が発達するので、踏み抜きには注意したい。

▼2.5万図　古屋

1

2

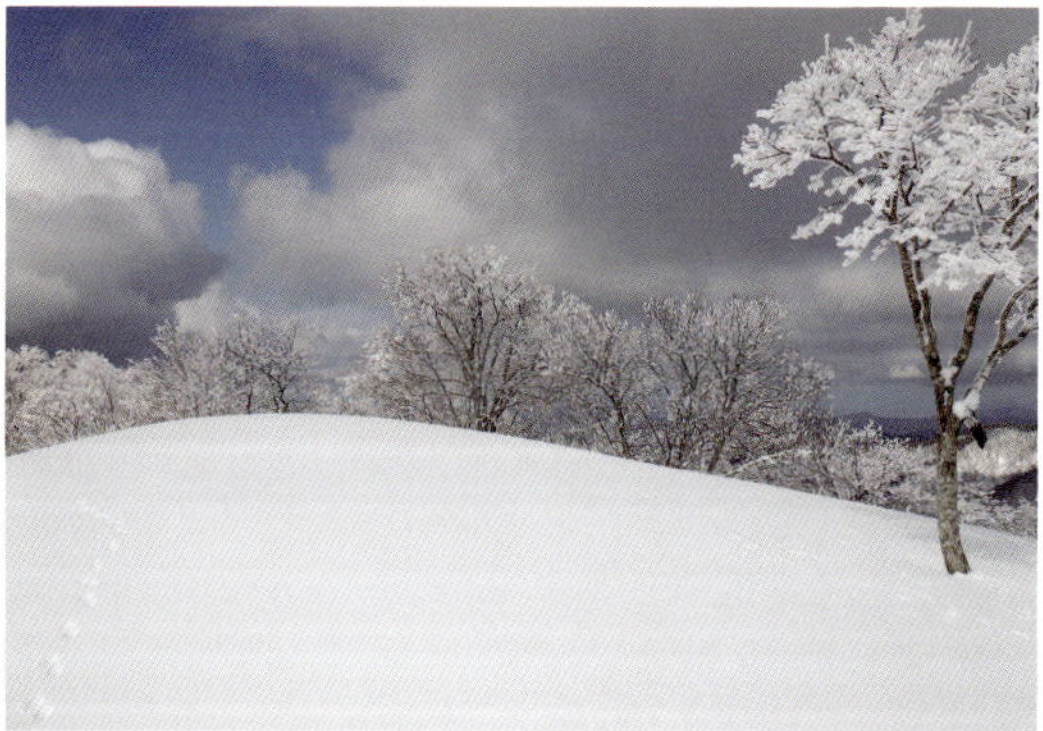

1登るにつれて天気が良くなって、県境稜線まで達すると青空が覗き始めた。頂上直下では、陽光が樹氷の影を描く雪面が美しく、その模様を踏みながら山頂へと登った。
2頂上は青空が広がり穏やかな天気になった。誰もいない山頂でゆっくりと昼食をとった。

滋賀県・福井県
百里ケ岳

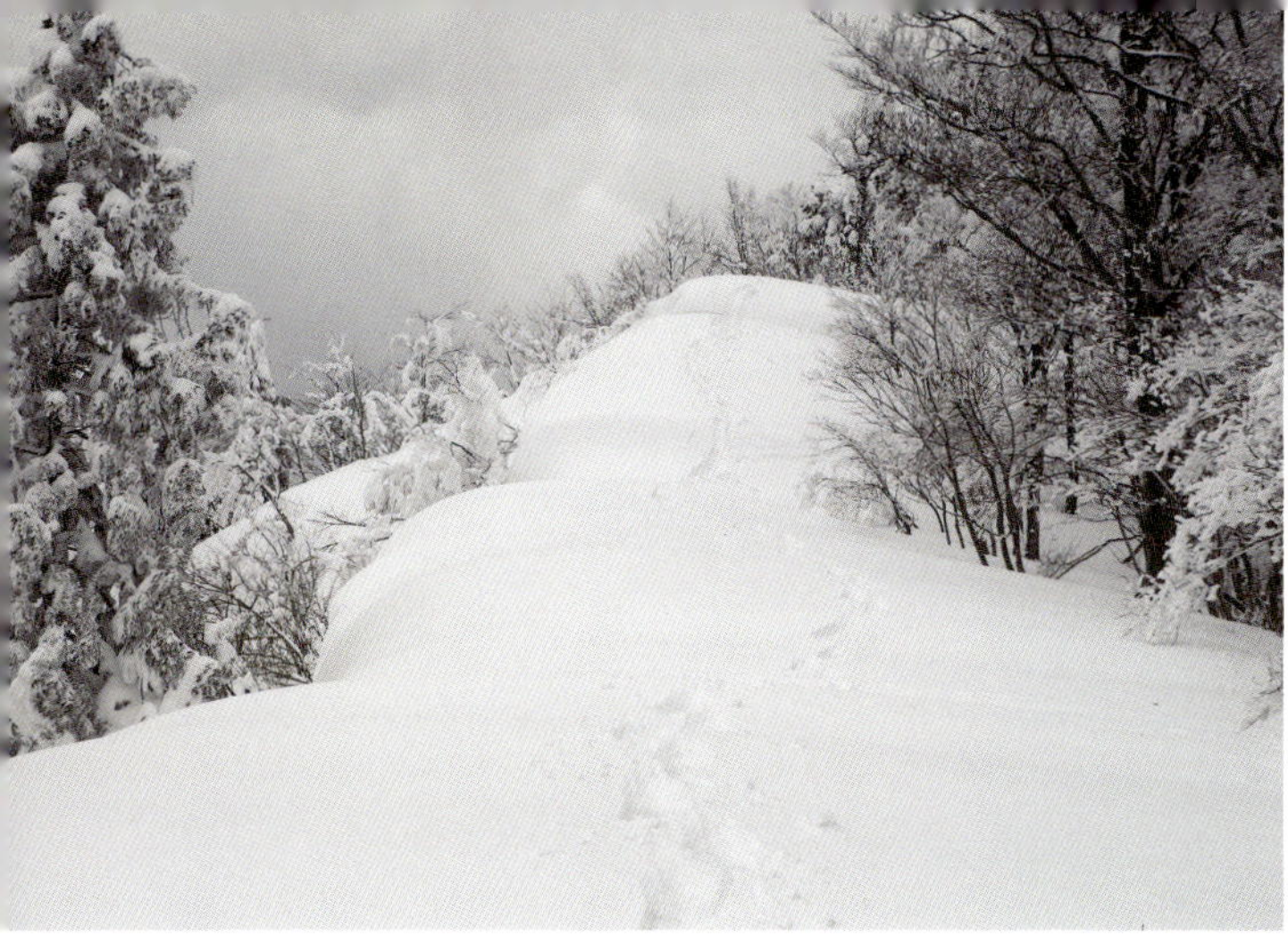

3

4

5

3 頂上からの県境稜線の下り。登る時ズドーンという音とともに足元が割れ、雪庇が崩れて危うく落ちそうに。ドキッとさせられた一瞬だった。
4 登り始めると尾根の先に百里ヶ岳の頂上が見えるとともに、青空も覗き始めた。
5 地蔵谷峰とさらに向こうに比良の蛇谷ヶ峰が見えていた。山また山の朽木の山らしい眺めが広がっていた。

滋賀県
福井県

大谷山《おおたにやま》

△813・7m

マキノスキー場→寒風山→大谷山往復

2012・2・5

山スキーを想う

昔のガイドブックを見ていると、関西の冬の山ではスキーを使っての登山がほとんどである。私が本格的に登山を始めた頃（一九七〇年代）も、スキー登山をする先輩は多く、私もそれに習って山スキーを始めている。

革の登山靴とジルブレッタのワイヤーのビンディングという装備で、伊吹や花背などのスキー場（どちらも今はない）へと何度か通い、何とか曲がれるようになってから山へと向かった。当時そんな山スキー初心者が登る山というのが、三国山、赤坂山、寒風《かんぷう》山、大谷山といった、マキノ奥山だった。今も手軽に山スキーを楽しめる山と言えば、まずこうしたマキノの山が思い浮かぶ。

マキノスキー場から山に向かって左手、寒風山へと登る尾根もそんな昔からのツアーコースであった。雪の寒風山、大谷山は好きなコースであるのだが、積雪が少ないと藪が出てやっかいなルートとなる。

尾根上部の美しいブナ林を抜けると、ゆったりと広がる雪稜に出て、寒風山頂上に着く。山頂には思った以上に多くの登山者が休んでいた。スノーシューやワカンの登山者ばかりで、山スキーヤーは我々だけだった。今はやりのバックカントリースキー、意識だけは先端をいっているようだが、大谷山へとよたよたと往復する姿は、昔を引きずった老スキーヤーとしか見えないのが、ちょっぴり寂しい。

しかし最後、寒風山山頂から真っ白に伸びる斜面を、ひとりかっ飛ばす名手Oのスキーが、そんな思いを一気に吹き飛ばしてくれた。

●コース案内

マキノ高原からの寒風山へは、日帰りの雪山登山コースとしては、アクセスが良く、雪も豊富で、手軽に雪山を楽しめる。スノーシューはもちろんのこと、山スキーも楽しめる、数少ない山域だといえる。

野坂岳から三十三間山に至る野坂山地主稜の山々は、低灌木や笹原の山稜が多く、特に寒風山から大谷山間は美しい雪稜が続いている。三国山から大谷山の山稜は、真っ白の見事な雪稜が麓から見上げられるが、関西の1000mを切る山では、これだけ美しい山稜が続くところは野坂山地ぐらいだろうか。それだけにスキーでは痛快な登山を楽しめる、数少ないフィールドとなっている。

大谷山へのルートとしては、滋賀県側のマキノスキー場から、寒風山、大谷山へと至るコースは、アプローチにも優れ手軽に雪山を楽しめるコースとなっている。他には南側のマキノの石《いし》庭《ば》からも登れるが、登る人はほとんどなく、登り応えのあるルートである。

▼コースタイム〔スキー〕　マキノスキー場（2時間35分）寒風山（25分）大谷山（30分）寒風山（1時間45分）マキノスキー場

▼アクセス　JR湖西線マキノ駅から、近江鉄道バスが運行する高島コミュニティバスが、日に数本走っている。車では国道161号の沢で県道287号へと入り、マキノ高原へ。冬季はマキノスキー場（ファミリー用ゲレンデ）に有料駐車場が開設されている。

▼アドバイス　寒風山〜大谷山の間は木がなく広い山稜となっており、悪天時での登山は絶対に避けてほしい。冬型の気圧配置になれば、多量の積雪があり、山稜は強風が吹きすさぶ。マキノスキー場から寒風山への登りは、上部はブナ林だが、下部は樹林が混んでいるので、スキーの場合は、かなり積雪がないと藪に悩まされる。スキーの滑降が楽しめる斜面としては、寒風山山頂から滋賀県側の谷の源頭に、距離は短いが素晴らしい斜面（4の写真）が開けている。

▼2.5万図　駄口

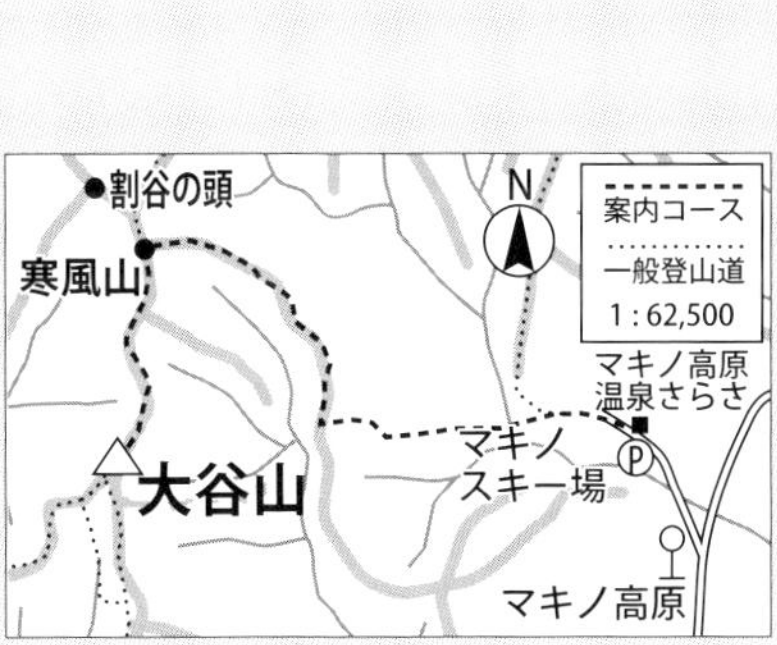

1

2

3

滋賀県・福井県

大谷山

1大谷山から寒風山へのコルへと滑って、シールを貼って登り返す。晴れていれば琵琶湖の眺めが素晴らしい。

2マキノスキー場からの寒風山への登りは、美しいブナ林の中に続いている。

3寒風山への最後の登り。寒風山頂上から樹林がなくなってゆるやかな雪の斜面が広がる。悪天候になれば烈風が吹きすさぶ稜線だ。

5

6

4

4寒風山山頂から東側に、真っ白の斜面が延びている。この山では最も素晴らしい斜面で、遊び滑るにはいいが、コースに戻るにはまた登り返さなければならない。

5大谷山から寒風山への登り返し。無雪期は草原なので、樹林のないスキー向きの、気持ちのいい斜面が広がっている。

6寒風山からマキノスキー場への下り。スノーシューやワカンの人たちばかりで、スキーでの登山は、私たちだけだった。

滋賀県

大黒山《だいこくやま》

△891・6m

椿坂↓大黒山↓鯉谷南尾根↓椿坂

2010・2・7

雪国余呉

余呉《よご》といえばまず雪を思い浮かべる。昭和五六年に高時川源流部の余呉町中河内《なかのかわち》では、六mもの雪が積もったと報道されたことを憶えている。温暖化の昨今、山はともかく、人びとが住む平地では、雪はめっきり少なくなった。

五六豪雪（昭和五六年）の時に、草野川流域の山へバスで行ったことがあった。まるで雪国のように、道の両側に堆く積んだ雪の回廊を、バスが走っていたことを思い出す。草野川、姉川、高時川上流の集落は深い積雪に包まれるのは当たり前だったのに、最近では積雪量もすっかりと少なくなり、春の訪れが早くなった。

雪国余呉に住む人にとっては随分と楽になったことであろうが、山好きにとっては積雪の減った山は寂しい。それでも千メートル近い山々には、まだまだ豊富な積雪がある。以前に比べて雪解けが早くなったが、滋賀の山でも山スキーを楽しめるところもあり、雪国余呉は健在だ。

そんな余呉の山々の中では、大黒山のその位置や標高は、雪山登山者にとっては最適のゲレンデといえるだろう。ブナの林に包まれた稜線は奥山らしい雰囲気を持っており、スノーシュー登山にはもってこいの山となっている。

昔の椿坂の峠道を登って峠に出て、峠からそのまま尾根を登って行くと、深い新雪があったにもかかわらず、山頂まで比較的簡単に登ることができた。スノーシューはおろか、雪山もほとんど知らなかった人でも、雪にまみれる楽しさや、スノーシューの威力のおかげで、存分に雪の山を楽しんだようだった。

●コース案内

奥深い余呉の山にあって、大黒山は比較的取り付きやすい位置にある。妙理山《みょうりやま》、大黒山、安蔵山《あんぞうやま》を自分勝手に高時三山と呼んでいる。積雪期の三山では安蔵山は近づきにくいが、妙理山、大黒山は季節を問わず親しんできた。

特に積雪期の大黒山は楽しい山である。東側の高時川からは近づき難いが、西側の国道365号からは日帰りの山としては、どのコースをとっても満足いく雪山歩きができた。

ルートとしてはアドバイスにもある通り、椿坂トンネル入口からの旧峠道や、入口右側の急登の尾根、椿坂の鉄塔巡視路の尾根などがある。他には登ってはいないが、国道365号から大黒山の北尾根に出るいくつかの尾根や、北の中河内からイカ谷右岸の尾根などが考えられる。周回するコースとしては、距離が長いので雪が締まった季節になるが、椿坂から妙理山西尾根、妙理山、鯉谷、大黒山のルートがある。ところどころに美しいブナ林がみられる尾根で、ぜひ歩いてみてほしいコースである。

▼コースタイム〔スノーシュー〕　椿坂旧峠出合（40分）365号椿坂峠（1時間45分）大黒山（1時間）鯉谷（1時間）椿坂

▼アクセス　登山口の椿坂バス停へは、JR北陸本線木之本駅から長浜市余呉町コミュニティバスの余呉バスが一日五便。椿坂旧峠道の登山口までは徒歩となる。車では北陸自動車道木之本ICで下り、国道365号で登山口の椿坂へ。現在国道365号の椿坂峠はトンネルで抜けていて、峠上の登山口へは車では行けないので、旧国道を歩くことになる。

▼アドバイス　椿坂の峠下からの旧峠ルートは、トンネル入口の小さな谷から取り付くが、このコースをルートに取る人はほとんどいないので分かりにくい。他の取り付きルートとしては、周回コースとしている椿坂の鉄塔巡視路から往復するか、椿坂トンネル右側から小さく急な尾根から鯉谷、大黒山へと登るルートがある。トンネルができた現在、椿坂からの鉄塔巡視尾根が一般的コースとなる。

▼2.5万図　中河内

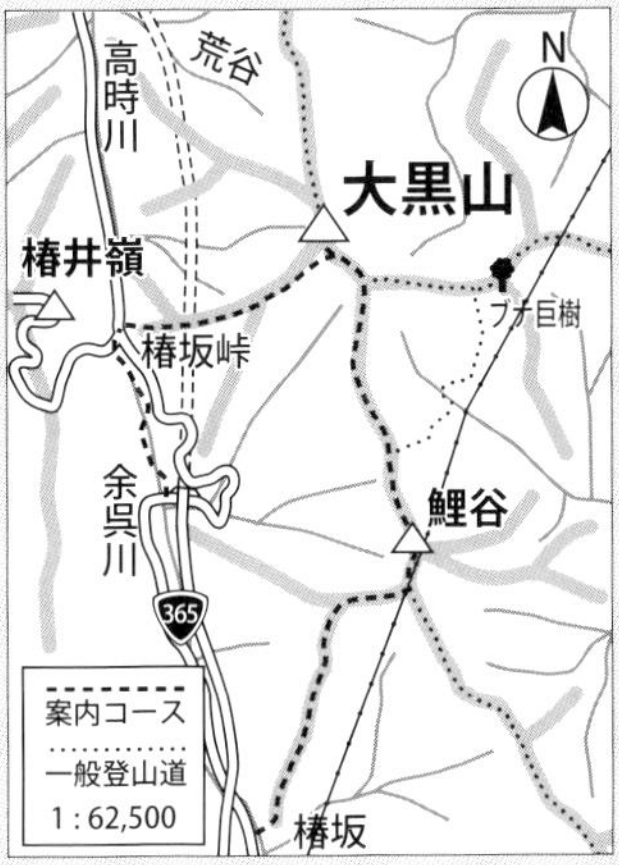

3

2

1椿坂峠から大黒山へと登る尾根コースの大黒山頂上直下。雪が多い年で低灌木もすっぽりと埋まり、ブナの疎林の広がりが心地よかった。

2国道365号線の椿坂の峠への登り口にある旧峠道。峠をトンネルで抜けるようになった今、ぜひとも残しておきたい道だ。

3大黒山から鯉谷へと続く尾根の美しいブナ林。スノーシューの新雪の下りが楽しい。

滋賀県

大黒山

4

1

5

4 3のブナ林を過ぎると細い尾根が続いて、鉄塔の立つ鯉谷頂上に出る。
5 鯉谷頂上から見る安蔵山とその奥に見える県境稜線の左千方。さすがに県境稜線はひときわ白かった。

滋賀県

武奈ヶ嶽《ぶながたけ》 ●865m

南西尾根↓武奈ヶ嶽往復

2015・2・11

スノーシュー対山スキー

スノーシューと山スキー、雪山にはどちらが有効だろうか。こんなあまりにもおおまかな問いには、単純に答えを出すことはできないだろうが、私の中ではすぐに答えが出せる。

答えは簡単、スノーシューである。それはただ単に私がスキーが下手糞だからだ。では「どちらが楽しいか」と問われれば答えは変わるかも知れない。もちろんそれも条件次第で、あらゆる条件によってどちらが「有効か」「楽しいか」は変わってくることだろう。

スキーでの登山は、この近辺の山では条件が限られてくる。特に里に雪が降らなくなった昨今では、スキーの特性を生かすにはさらに条件は厳しくなってきている。そんな条件をクリアして快適にスキーを楽しめる山として、湖西北部の野坂山地にある武奈ヶ嶽南西尾根をずっとあたためていた。取り付きからすぐ板を履けて藪が少ないコース、一度この尾根をスノーシューで登ってみて、そんな思いをこの山に抱いていた。無雪期にもここを登っているが、上部はススキや低灌木の尾根が続いていて、まさにスキーのための山ではないかと思った。こんな思いを持つ人は他にもいるようで、この山を下っている時に、犬をつれた単独の山スキーヤーと出会っている。誰の思いもやはり同じなのだと嬉しくなった。

山頂からの斜面は確かに良かったが、苦しみも多かった。雪が少なくて藪が煩わしかったり、登り返しが多くてきつかった。もっとスキーが巧ければと思うのはいつものことだが、それでも楽しいのがスキーである。

●コース案内

野坂山地の山々は積雪量が多く、雪山登山に適したフィールドを提供してくれる。この武奈ヶ嶽は中央分水嶺上にあるのだが、野坂山地の末端にあって国道からも間近で、しかも標高もそこそこあるので積雪も豊富という、絶好の位置にある山である。

国道161号や国道303号を走る車上からも、真っ白に装う武奈ヶ嶽を仰ぎ見ることができる。頂稜部は低灌木や草原なので、非常に目立つ山なのだが、同じ野坂山系のマキノの赤坂山や寒風山などと比べると、登山者は少ない。

コースは国道303号から登る、水坂峠を通る中央分水嶺とここに紹介している南西尾根がある。取り付き点も近いので周回コースがとれるというのもこの山の利点といえるところであろう。

両尾根とも上部は木がないので、眺望が優れた雄大な山で、標高以上のスケールが感じられる。スキーでの登山にも向いており、南西尾根は積雪が多ければ国道まで滑り降りることができるが、何度か登り返しがある。中央分水嶺尾根は途中小さな岩場がある。他のコースとしては、北尾根から石田川ダムへと下りる尾根に登山道がある。

▼コースタイム（スキー・スノーシュー）
寒風トンネル（3時間）武奈ヶ嶽（1時間10分）寒風トンネル

▼アクセス　JR湖西線近江今津駅から小浜駅行きJRバスで、登山口近くの杉山バス停へ。一時間に一本の運行。車では国道303号の寒風トンネル東側出口へ。東側出口に除雪されている場所があるが、積雪状態によっては駐車できない場合もある。

▼アドバイス　尾根上部は大きな木がなく、冬型季節風の影響を大きく受けるので、悪天の場合は無理をしないようにしたい。

▼2.5万図　熊川

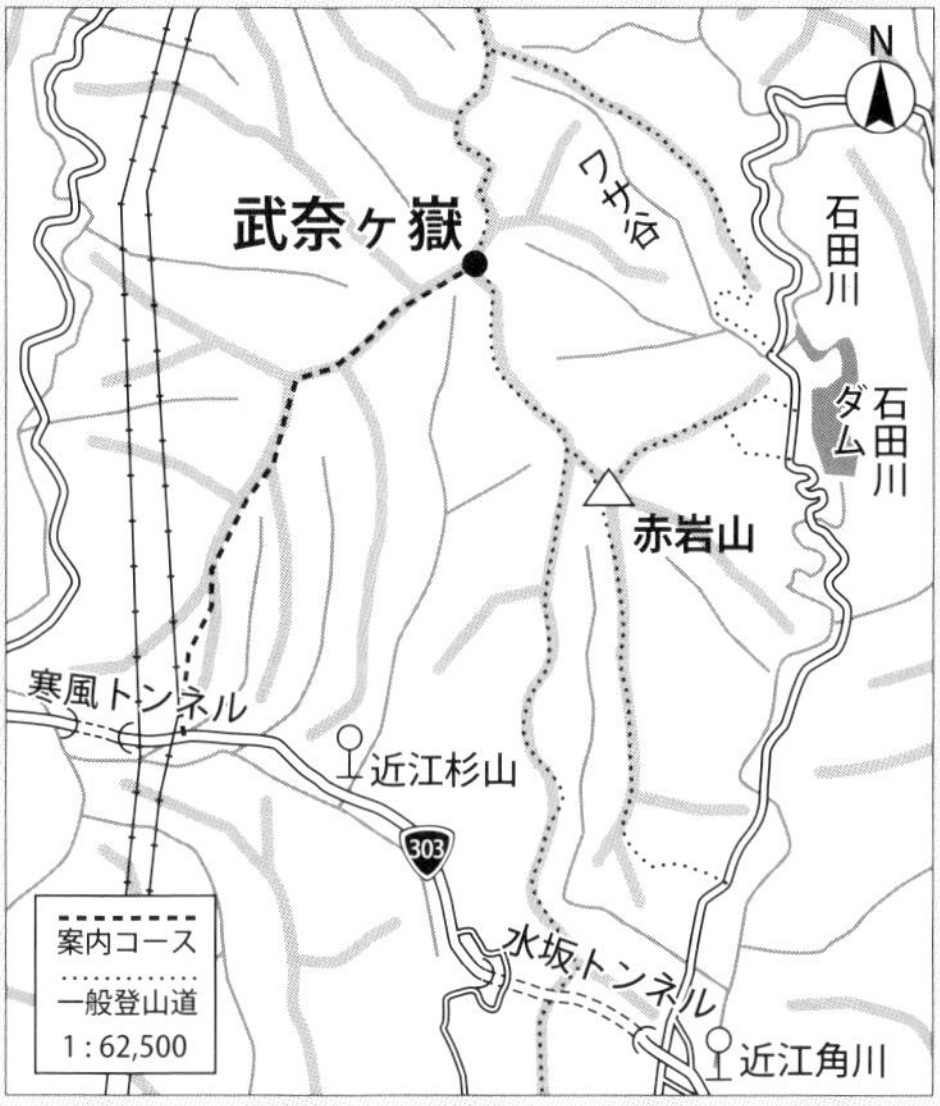

1

2

滋賀県
武奈ヶ嶽

1 749mピークからの武奈ヶ嶽の眺め、何とも迫力のある風景である。とても900mたらずの山とは思えない眺めだ。前回訪れて見たこの姿が忘れられず、再びこの尾根を登った。
2 前回来た時に撮った頂上から見る三重嶽。武奈ヶ嶽からさらに重量感をプラスした山だ。この時は今回よりも積雪量は多かった。

3

4

5

3尾根は下部から大きな木も少なく、登るにつれて低灌木ばかりとなり、眺望が開ける。
4もう頂上も近い。無雪期はススキなどの原で、スキー登山では素晴らしい斜面が広がるところだ。
5 749mピークからの下り。スキーでの帰路では、ここはシールを貼っての登り返しとなる。今日は積雪量が少なめで、749mあたりは灌木が邪魔になったが、何とか国道のすぐ上までスキーで下りられた。

滋賀県
岐阜県

霊仙山《りょうぜんさん》△1083・5m

落合↓西南尾根↓霊仙山往復

2016・2・11

琵琶湖と山の眺め

近江の山の魅力と言えば、眼下に広がる琵琶湖とそれを囲む山々の眺めであろう。とりわけ湖面の向こうに雪をかぶった山々が連なる風景は絶品だ。近江平野からその眺めを賛じたのが、近江八景のひとつ〝比良の暮雪〟であるが、霊仙山上からの比良の暮雪も、眺望絶佳の限りであった。

山上からの湖水と山の眺めは滋賀県内の山に登れば、どこからも見ることができるが、琵琶湖と山との距離によって、そのスケール感は変わってくる。湖北や鈴鹿の山々は比較的琵琶湖との距離があるが、比良山系は琵琶湖と接近していて、しかも標高も千メートルを超す山々が連なっている。ということは、やはり位置的に比良と対面している、鈴鹿からの眺めが期待できると思うのだが、鈴鹿山系が琵琶湖から離れすぎているので、ほとんどの鈴鹿の山からの眺めは、いまひとつ物足りない。

しかし山系最北の霊仙山は、琵琶湖ともかなり接近しているので、山との一体感が強くなる。稜線を歩いてカメラの望遠系のレンズで覗くと、距離感が圧縮されて迫力がある。天気のいい日に登ってぜひ体感していただきたい。

冬の霊仙山では登山口へのアプローチの関係で、西南尾根からの登山者が多い。このルートの魅力は何といっても、笹峠より上部からの眺望と山上部の広がりであろう。南霊岳からほとんどの登山者は、登りも下りも律儀に稜線をぐるりと回って登っているが、山上を横断して三角点ピークまで真っすぐに登れば近い。道がなくても自在にルートをとれるのが雪山の面白さである。

●コース案内

石灰岩帯の山の特長だが、この霊仙山も山上はゆったりとした地形が広がっていて、尾根を長く延ばし、斜面は深く切れ落ちている。標高以上にスケールが大きく、昔から季節にかかわらず遭難事故が多く発生している。特に時間の計算がしにくい冬季の悪天候時は、警戒しなければならない山となっている。鈴鹿北部は麓は雪が少なくても、山上の積雪量は多いということを、頭に入れておいてほしい。

しかしその山容の雄大さというのが、魅力にもなっているのである。山上には樹林がないので眺望がすばらしく、天気が良ければ御嶽、白山はもちろんのこと、北、中央、南アルプスまで望むことができる。そしてまた交通の便に恵まれ、関西、東海両地方の境ということもあって、アクセスにも優れているので、多くの登山者を誘うのであろう。

登山コースも数多いが、冬季ではJR東海道本線柏原駅から直接取り付ける柏原道か、今畑からの西南尾根コースになるだろう。無雪期では榑ヶ畑《くれがはた》コースがメインコースとなっているが、榑ヶ畑までの林道は、よほど寡雪の年でない限り入ることができない。

▼コースタイム〔スノーシュー〕　今畑登山口（1時間）笹峠（1時間40分）霊仙山（50分）南霊岳（30分）笹峠（30分）今畑登山口

▼アクセス　今畑登山道までは公共交通機関はなく、車でしか入ることができない。麓は比較的積雪量も少なく、路肩駐車できるところが何ヶ所かある。

▼アドバイス　西南尾根上部はゆったりと広がる尾根が続き、南霊岳から下は一気に切れ落ちる広い急斜面となっている。視界の悪い悪天候の時は注意が必要だ。霊仙山全体はふところが深くて地形も複雑なので、冬季は遭難事故が多く発生している。余裕をもって行動したい。

▼2.5万図　彦根東部、霊仙山

2

1 西南尾根から眼前に広がる琵琶湖と比良山系の雄大な眺め。霊仙山の最大の魅力がこの眺望だが、比良に雪が少ないのが残念だった。
2 笹峠から急な斜面を登ると近江展望台に登り着く。急登を登りきってほっと一息つくところだ。

3

1

4

5

3最高の天気だった。山頂からは白山から北、中央、南アルプスなどの白き山並みがブルーの空に浮かんでいた。

4ゆったりとした凹凸を持つ山頂台地。晴天の雪山の悦びとは、こんな風景の中を歩くことだが、悪天候時は恐ろしい山と変貌する。

5西南尾根の登り口の今畑の集落跡。廃村となっているが、お寺だけが残っている。

滋賀県
岐阜県

伊吹山《いぶきやま》 △1377・3m

上野（伊吹山登山口）↓伊吹山往復

2012・2・12

懐かしの雪山

初めての伊吹山は、初めての冬山合宿のトレーニング山行だった。近江長岡駅から登山口の上野にある三之宮神社まで歩いたのだが、驚いたことに神社は登山者でごったがえしていた。みんな今晩は境内や拝殿に寝て、朝早く出発するのだった。もちろん現在は神社で寝泊まりすることなど禁止されている。

その頃の伊吹山の夏はご来迎を見るための夜間登山で賑わい、登山道にはヘッドランプの灯りが続いていた。今思えば、山へ山へと向かっていた自身の姿と、熱気溢れるような右肩上がりの時代とが重なって浮かび上がる、四十年ほど前の伊吹山登山の風景である。今では懐かしさを感じると同時に、この国にも、もちろん自分自身にも、もうあんな時は巡ってこないのだという切ない思いも湧いてくる。

一時、夏の夜間登山も冬の雪山登山もめっきりと登山者が少なくなっていたが、最近はまた復活してきている。ガスに包まれ細かい雪が降る三合目付近も、登山者が続いていた。山スキーの人からスノーシュー、あるいはスノーボードを背負う人など、登山者のスタイルはさまざまだ。

晴れそうな気配がするのに、ガスは動いてくれないままだった。九合目の頂上台地の端に立っても下はまったく見えず、不気味な高度感を感じたが、日本武尊《やまとたけるのみこと》像まで登ったところでようやく青空が覗き始めていた。

下山にかかると重かった空も明るさへ動き始めた。心も体もそれに反応したかのように重しがとれ、頂上台地の端から急斜面へと飛び込んだ。

●コース案内

伊吹山は関西では最も早くスキー場が開かれ、大正四年三月には中山再次郎と二荒芳徳によって、積雪期初登頂がなされている。雪山登山の山として長い歴史を持つ、登山者に最も親しまれている山となっている。

深田久弥の『日本百名山』に選定され、花の名山として知られるこの山は、季節を問わず多くの登山者が訪れ、冬の季節も、天気が良ければ多くの登山者が押し寄せる。積雪が多ければ、山スキーヤー、スノーボーダー、スノーシューの登山者が列をなしており、あらゆる雪を楽しむ人たちにとって、初心者入門コースとなる山である。

これだけ有名な山となっているのだが、コースは無雪期と同じ、正面登山道しか登られることはない。無雪期では弥高《やたか》、上平寺《じょうへいじ》、岐阜県側の笹又、北尾根などのコースがあるが、雪の時期にはほとんど登られていない。

▼コースタイム（スキー）　登山口（1時間30分）三合目（2時間15分）伊吹山（1時間10分）一合目（40分）登山口

▼アクセス　JR東海道本線近江長岡駅から曲谷行の近江鉄道バスで伊吹登山口下車。車では名神高速道路米原ICから国道21号で関ヶ原方向に向かい、山東一色線を左折して伊吹山登山口へ。登山口の上野には多数の有料駐車場がある。

▼アドバイス　一合目から無木立の斜面なので、三合目まで登ると山頂までの斜面全体が見渡せる。五合目から九合目まで急斜面が続いており、多量の積雪があった時には過去に雪崩も発生しているので注意したい。

▼2.5万図　関ヶ原、美東

4

1

2

3

1五合目から六合目へ。スノーボードやスノーシューの登山者が先行しており、七合目付近から上部はガスに包まれている。
2ガスの中の九合目。切れ落ちる斜面が不気味な高度感を感じさせた。
3山頂の道標にはエビのしっぽがびっしりと付き、日本武尊命像は形も分からぬほど氷が張り付いている。

5

4三合目まで下りると青空が広がった。山頂から三合目まで、南面全体を見渡せる眺望は素晴らしいの一言。

5五合目まで下りるとテントを張るパーティもあって、雪山気分が盛り上がり、昔の冬山合宿を思い出した。

岐阜県
滋賀県

金糞岳《かなくそだけ》 ●1317m

広瀬浅又↓北尾根↓金糞岳往復

2010・2・14

とっておきの尾根

金糞岳といえば林道が登る中津尾がまずイメージとして浮かぶほどで、無雪期ならほとんどの人がガイドブックに載る中津尾から登ってくる。中津尾しか知らなければ、金糞岳ってあまり面白くない山だなあと、思うことだろう。

金糞岳は滋賀県では第二番目の標高を持つ山というものの、一三〇〇メートルを少し超えた高さというのは、低山といってもいいような部類に入るだろう。高い山ではない。しかし、林道もなかった頃の金糞岳を思いおこすと、決してそんなつまらない山ではなかった。この山は標高以上の高さ、大きさを感じる山だった。

雪のない時はほとんどの人が中津尾から登るが、雪が積もって、さてどこから取り付こうかと考えると、この山はやはり大きくて深い山だと気がつくことだろう。雪のある頃、滋賀と岐阜県境付近の山々に登れば、真っ白の長い尾根を延ばすこの山が目に入る。県境周辺の山々とは標高にすればそんなにも違わないのだが、伊吹山とはまた違った重量感があり、他の山とは一線を画したかのような存在感がある。岐阜県側の広瀬浅又から雪の北尾根を登った時、そんな思いを強くした。

ひざ近くまで水につかって浅又川を渡って取り付いた。尾根へと登ってからは真っ白の斜面が続き、それぞれが自分のペースで登った。ただ思っているのは誰もが同じ、スキーで下る時のことだけを思いながら、辛い登りにひたすら足を前に出して頂上に辿り着いた。片方に琵琶湖、もう片方に果てしなく続く奥美濃の山並みを見渡す、私たちだけの頂上だった。

●コース案内

金糞岳は横山岳と並んで、奥美濃への入口となる山で、古くから登山者に親しまれ、積雪期に白く尾を引く美しい姿に魅き付けられる。無雪期は滋賀県側の中津尾に林道が登っているので、その林道を使えばあっけなく登れてしまう山となってしまった。しかし積雪期となると、そうはいかない。中津尾もアプローチが長いコースとなり、しかも林道を登る部分も長くなるので興味も半減する。最近では岐阜県側の浅又林道からのコースが注目されていて、スキー、スノーシュー両登山者にとっても面白く登り応えのあるルートとなっている。

▼コースタイム〔スキー〕

国道303号浅又林道出合（2時間15分）浅又川渡渉点（3時間30分）金糞岳（1時間30分）浅又川渡渉点（55分）国道303号浅又林道出合

▼アクセス　揖斐《いび》駅から川上まで揖斐町コミュニティバスがあるが、登高距離も長いので車利用となる。国道303号浅又林道出合までは、名神高速道路大垣西ICから国道417号、国道303号で行くか、北陸自動車道木之本ICから国道303号で八草《はっそう》トンネルを抜けて川上へと出て林道出合へ。林道は除雪されていないので、出合付近の路肩に駐車。

▼アドバイス

林道から尾根へと取り付くには浅又川を徒渉しなければならないので、あらかじめ足を膝位まで覆うビニールの袋などを用意しておく。尾根には難しいところはないが、林道、尾根ともに長いので時間との勝負になる。

▼2.5万図　美濃川上、近江川合

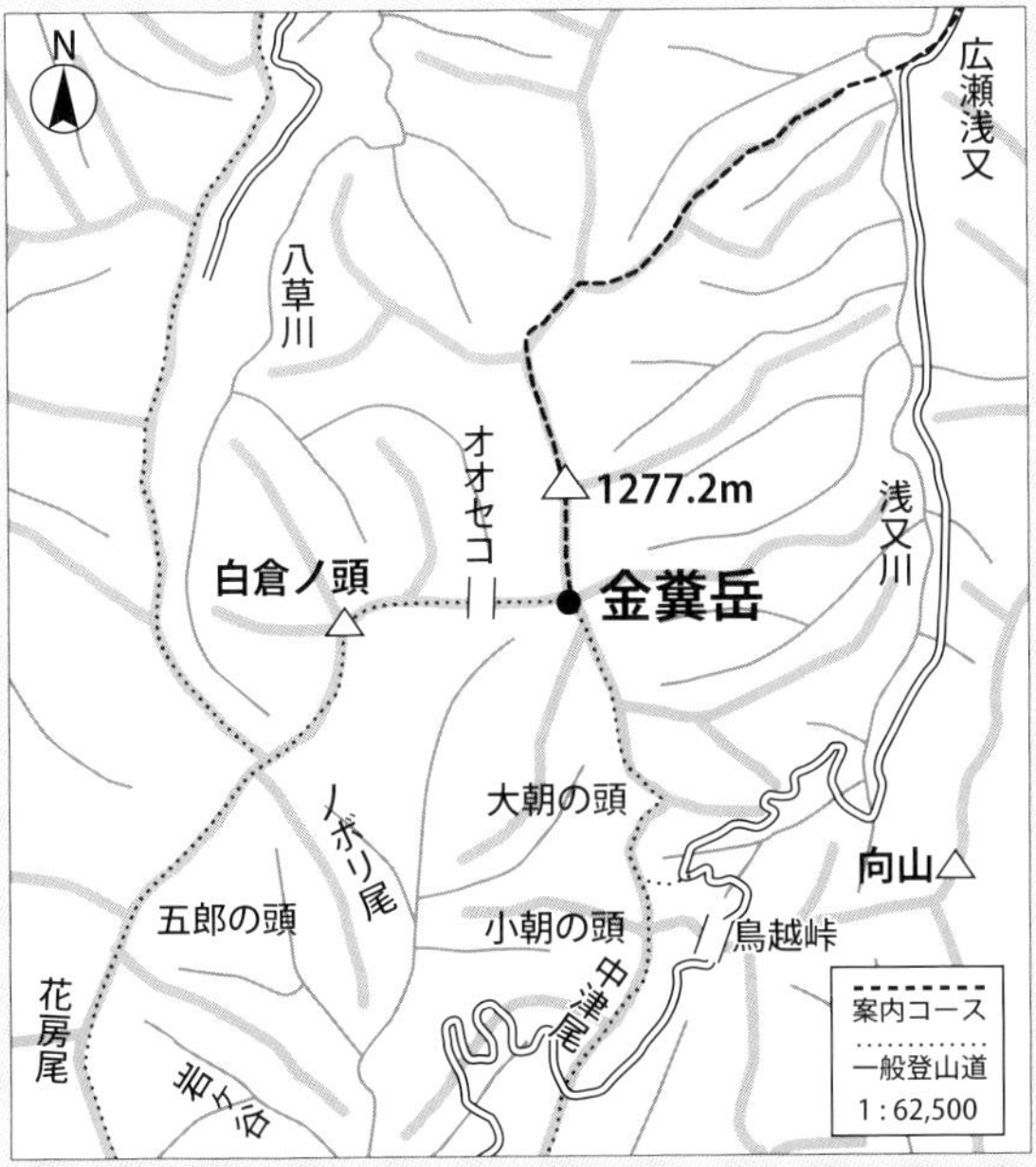

2

3

1

1 1200m付近から県境稜線の向こうに琵琶湖が見え、小さな竹生島が浮かんでいた。滋賀県境付近の山ではこの金糞岳が一番白く輝いている。
2浅又林道を進んで行くと、登るルートとなる山稜と、その奥に真っ白のピーク金糞岳が見える。
3広瀬浅又集落跡を過ぎたところで流れを渡って尾根に取り付く。水量が多くて流れも広いので、予め膝くらいまでを包むビニール袋を用意してきた。

岐阜県・滋賀県
金糞岳

5

4

6

7

4取り付きの植林帯は、伐採後の放置された林なのか、貧弱な林となっている。その広い雪面の明るい林の中を登った。

5 4から上部を見たところ。下りの滑降を考えただけでわくわくしてくるような斜面が続いている。

6北尾根上部から見たさざ波のように連なり重なる奥美濃の山々。きりっとした三角錐がひときわ目立つ蕎麦粒《そむぎ》山とその奥に真っ白い山体が覗く白山。

7金糞頂上からは快適で緩やかな下りが続いているが、雪庇にだけは注意しながら下って行く。

滋賀県

武奈ヶ岳《ぶながたけ》

△1214・2m

坊村↓西南稜↓武奈ヶ岳↓細川尾根↓細川

2011・2・19

とりあえず武奈ヶ岳

居酒屋に入って座ると、とりあえず生ビールというパターン。冬の雪山の季節になれば、比良の地元の滋賀や京都では、とりあえず武奈ヶ岳へという人が多いのではないだろうか。それほどに親しまれた地元定番の山である。

登山口となっている坊村の駐車場には、休日になると多くの車が停まっている。このほとんどが、御殿山《ごてんやま》コースから武奈ヶ岳へと向かう人ではないだろうか。比良最高峰であり、冬でも登山者が多くて安心、という相乗効果が武奈ヶ岳へと向かわせるのだろう。

こんな混雑ぶりに嫌気がさしていたのだが、晴天が約束された冬のある日、たまには雪の武奈に登ってみたい、そんな気になって出掛けてみた。

御殿山コースは取り付きからしっかりとトレースが刻まれていた。踏み跡は朝の冷え込みによってガチガチに固められていて、スノーシューの出る幕がないほどだ。前、後ろと続く登山者の中にいると、やっぱり別の山にすればよかったかなと、後悔の気持ちが顔を覗かせた。

そんなもやもやした気分で御殿山まで登ったのだが、視界に広がる西南稜の全貌を目にすると、迷いはすっきりと拭い去られた。美しい雪稜が続く西南稜から見る武奈ヶ岳。何度も見慣れた姿だが、晴天下のこの雪稜にはやはり圧倒された。

武奈ヶ岳はアプローチもよく、手軽に登れる素晴らしい雪山である。とりあえず武奈ヶ岳という気持ちも充分理解できるが、琵琶湖とその周囲をとりまく山々の眺望は、とりあえずというには、まったくもってもったいない山だと思った。

●コース案内

武奈ヶ岳は比良スキー場が閉鎖となり、ロープウェイ、リフトが撤去されて、登山者は西南稜ルートに偏るようになった。以来、積雪期でも西南稜は多くの登山者によって登られている。

登山者も多く安心感があるのか、気楽な気分で取り付く人が多いようで、雪山初心者の遭難も出ている。西南稜は上部が吹きさらしの稜線が長く続くので、悪天候になれば厳しいルートとなり、樹林帯が切れる御殿山あたりで判断しなければならない。また踏み跡があっても、雪が降ったり風が吹いたりすればトレースは消えてしまうので、雪山では地図を読めることが絶対の条件となる。そんな意味でもGPSは雪山必携の登山道具となる。

しかし西南稜も天気さえ良ければ山頂まで問題になるようなところもなく、快適ですばらしいルートとなる。

下山ルートは琵琶湖側へとダケ道があるが、西南稜を下るか、細川尾根が最短ルートとなる。細川尾根は快適だが、地図を読めることが必須条件。

▼コースタイム〔スノーシュー〕

坊村（3時間）武奈ヶ岳↓細川尾根（1時間45分）細川（50分）坊村

▼アクセス　登山口の坊村バス停へは、JR湖西線堅田駅始発の江若《こうじゃく》バス（出町柳始発の京都バスが土曜・休日のみ運行しているが、冬季は運休）が運行している。マイカーでは、大津市坊村の葛川《かつらがわ》支所前の駐車場が解放されている。

▼アドバイス　西南稜には危険箇所はないが、御殿山より上部は吹きさらしとなるので、悪天候時は無理をしないこと。下山時に遭難者が出ている。下降コースの細川尾根は、間違って絶対に谷へと下りないように。

▼2.5万図　北小松、比良山、花脊、久多

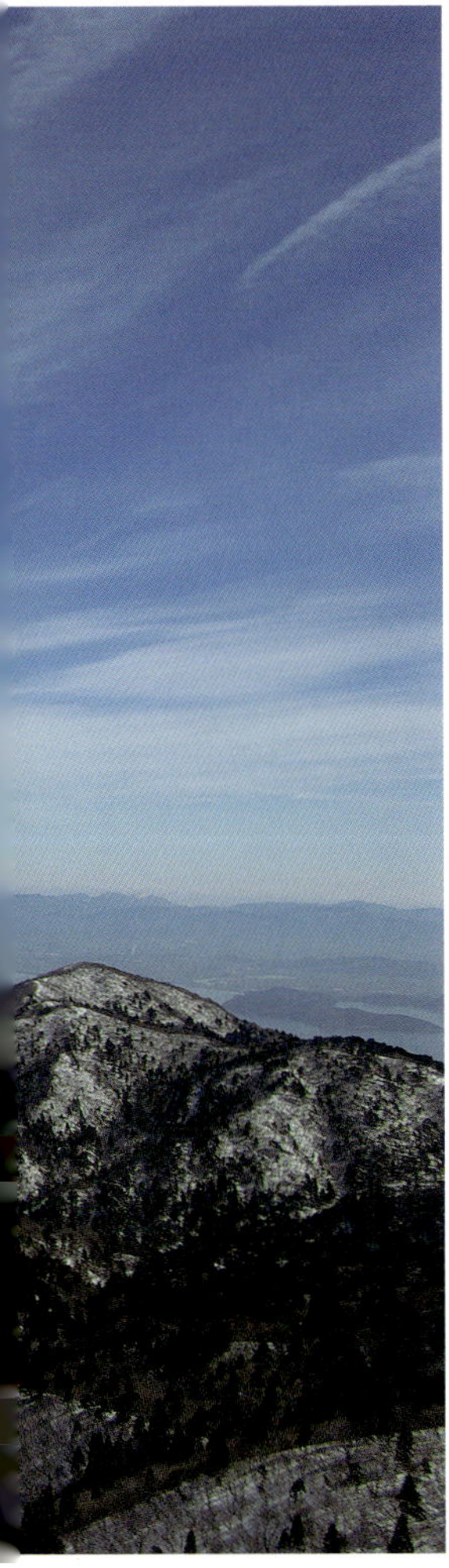

1西南稜の登り。休日で天気がいい日だと次々と登山者が続く。もう御殿山も近く、御殿山に登ると武奈ヶ岳山頂へと西南稜が大きく開ける。
2西南稜から見上げる武奈ヶ岳。口の深谷源流の自然林と、白く延び上がる雪稜は、比良の盟主ならではのもの。
3武奈ヶ岳山頂直下から見下ろす、西南稜の長く尾を引く雪稜が美しい。

2

3

滋賀県
武奈ヶ岳

4

5

4武奈ヶ岳山頂からの滋賀県北東部のワイドビュー。雲の流れがいっそうの広がりと奥行きを感じさせた。

5武奈ヶ岳山頂からの、琵琶湖と伊吹、鈴鹿の眺望。湖面に落ちる柔らかな光りは、春のような空気だった。

福井県
滋賀県

三十三間山《さんじゅうさんげんやま》

△842・1m

新道↓三十三間山南尾根往復

2012・2・19

我がアルカディア

林道から取り付いた尾根は、地図から予想した通り、比較的斜度も緩く快適に高度を稼いだ。そして台地状の尾根に出たところから、真っ白の斜面が続くようになった。まだ三十三間山の南尾根の主稜まで達していなかったが、わくわくと心躍るような雪の斜面が続いていた。

三十三間山といえば倉見から登る人がほとんどだ。しかし雪の季節なら草稜の南尾根を使わない手はない。登る時期さえ間違えなければ、すばらしい雪稜が続くはずで、前夜に軽い積雪があった今日は、その予想がぴたりとはまった。

数人での登山だったが、日帰りにしては長い雪稜なので、早く着いた私ひとりで先に出発した。ひとりで先発したのは、頂上まで届くかどうかが気になったのはもちろんだが、何よりも、この誰も踏んでいない雪の尾根に自分のスキーのトレースを印したい、それが一番大きな思いだった。

スキーは滑降のための道具だが、歩くための道具でもある。シールを滑らす音を伴奏に、時折立ち止まっては自分ひとりのシュプールを眺める。スキーでの雪稜歩きは、言葉にならないほど心地よかった。それに加えて、海を眺めながら雪稜にスキーを進めるというのは、なかなか味わうことのできないロケーションである。

南尾根はまさに夢見心地、はやる気持ちを押さえられず、仲間を待つこともなくどんどん進み、結局、頂上までひとり先行した。振り返ると我が仲間や、倉見から登ってきたスノーシューの登山者がゴマ粒のように小さく見えた。

美しい雪山、三十三間山は冬の理想郷だった。

●コース案内

何度か冬の三十三間山を歩いているが、ほとんどの登山者が倉見からの夏道を登っている。このコースではこの山の良さをあまり味わうことができないので、やはり南へと延びる長大な雪稜をルートにとってこその山であろう。そのためのスキー、スノーシューといった道具なので、もっとさまざまなルートから挑戦してほしい。

できるだけこの南尾根を楽しめて、朝発日帰りで山頂まで届くルートとして、国道303号沿いの新道集落から奥に延びる林道を入り、林道途中から支稜の比較的傾斜の緩いところを狙って、635mピークの南の約520mピークへと登る尾根を選んだ。スキーでの登山だったがブッシュも埋もれていて登りやすい尾根で、520mピークから上部の南尾根は危険箇所もなく、雪さえあれば、スキーでもスノーシューでも素晴らしい登山ができる快適なコースであった。

同じルートの往復であったが、スキーでも林道まで快適に滑り降りることができた。

▼コースタイム〔スキー〕 新道奥林道ゲート付近（2時間15分）635m（1時間15分）三十三間山（1時間30分）新道奥林道ゲート付近

▼アクセス 今津・小浜間のJRバスがあるが、当日発の日帰り登山なら、マイカーでの登山となる。新道集落奥の林道入口にはゲートがあり、ゲート付近に駐車する。

▼アドバイス この山は暖かくなると積雪の減りが速く、1月、2月の降雪直後を選びたい。一般コースの倉見からのルートが最短だが、この山はやはり南尾根の美しい雪稜を辿りたいものである。南尾根への取り付きはいくつか考えられるが、林道をある程度まで進んで取り付くこのコースがベストコースであろう。南尾根は長く、冬季は風当たりもきついので、スピーディな登山を心がけたい。

▼2.5万図 熊川

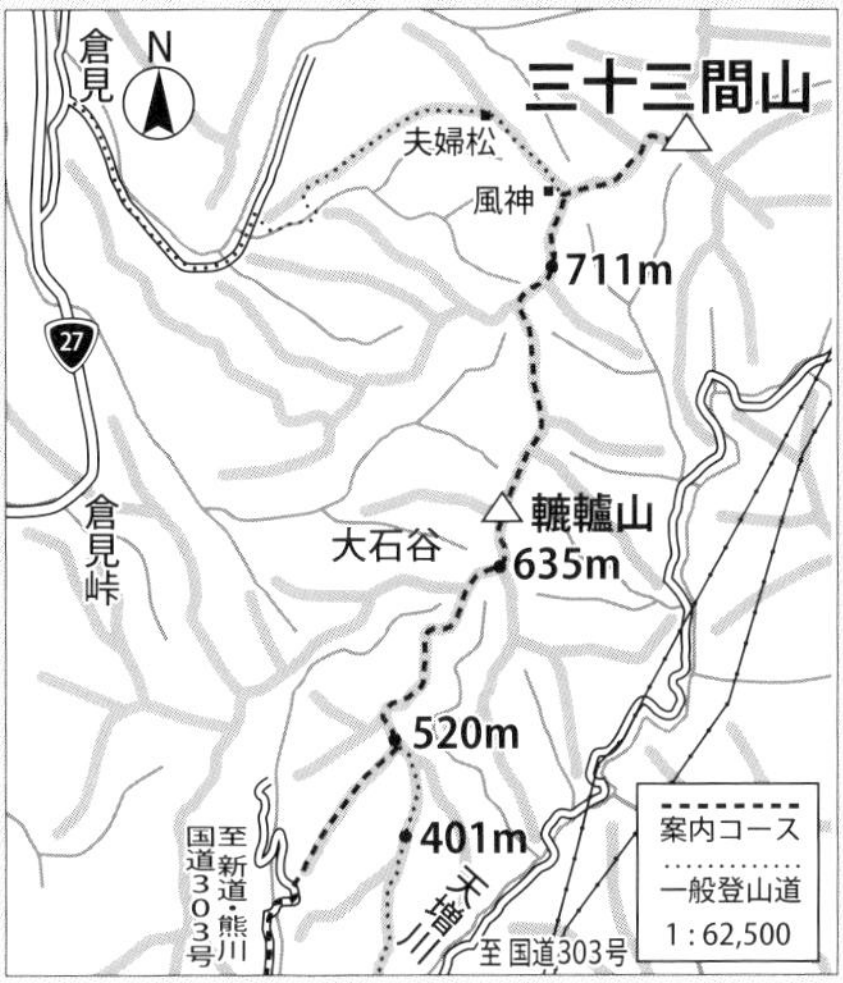

1

2

3

1山頂への最後の登り。まだ誰も踏んでいない雪稜を登るというのが、雪山登山の何にましての悦びだ。

2山頂に立って南尾根を見下ろすと、ゴマ粒のような登山者の列が見えた。倉見から登ってきたスノーシューでの人たちだった。こんな小さな山でも、一番に山頂に立つというのは何と気持ちがいいことだろうか。

3稜線から見る雪の斜面。太陽が描き出す微妙な光と影が、凹凸の柔らかさかを表現している。

福井県・滋賀県　三十三間山

4

4南尾根の635m付近から見た稜線。流れ行く雲が淡い影を落とす稜線がすごく美しかった。
5林道から離れて稜線へと登る支尾根も真っ白。下りの滑降を思うとうきうきとしてきた。

5

滋賀県
福井県

行市山《ぎょういちやま》△659・7m・三方ヶ岳《さんぽうがたけ》 Ca600m

新道野峠↓三方ヶ岳↓行市山↓集福寺

2010・2・21

雪山の難易度

雪山の難易度を単純に評価するのは難しい。千メートルくらいの低山では、そのルートの標高差や距離といったものが指標となるのであろうが、そんな数字的なものよりも、登山者が多い山かどうかが、最も単純で的確な評価対象となるのではないかと思う。雪山ではその時の気象条件などに大きく左右されるし、コースタイムなどは尺度にはならない。

少々標高が高くて標高差があっても、しっかりとトレースされていて登山者が連なっているような山もあれば、標高は低いが無雪期の登山道がなく、登山者にトレースされることもない、地図を見てルートを判断し決定しなければならない山がある。難易度評価など無意味であろう。

先行者のトレールをたどるのではなく、地図上でルートを決定し、自分の力でラッセルをして、山頂への道を切り開く、これこそが雪山の面白さ楽しさではないのだろうか。

新道野《しんどうの》峠、三方ヶ岳、行市山への縦走は、小さな山の連なりであっても、自分でルートを定め、雪を分けて歩くという、こんな低い山ではあっても、雪山歩きを存分に楽しめた山だった。

取り付きから下山に至るまで登山者のトレースはなく、最後までラッセルが続いた。ひとりでのラッセルは厳しかったが、慰められたのは、周りの山々や琵琶湖、若狭湾を望む眺望であった。琵琶湖の眺めでは、塩津湾と大浦湾の二つの湾の眺望が印象的で、この両湾には日本海との交易の港があった。そして山上には、国境の山稜を越える昔の峠道があって、北国との繋がりが一望できた。

●コース案内

季節を問わずあまり登山者が訪れない山域である。行市山は余呉《よご》側からの登山者はあるが、三方ヶ岳に登る人は少なく、無雪期は三方ヶ岳から行市山間は道はなく藪こぎとなるので、それだけに価値あるルートとなるのではないだろうか。

冬のこのルートの魅力は眺望のすばらしさにつきる。西の野坂の山々から南の琵琶湖、北は若狭湾を望み、行市山まで登れば、伊吹山までの湖北の平野の眺望が広がる。

稜線は自然林と植林地が入り交じり、植林はまだあまり成長していない若木なので、展望が開けているところが多い。登山者がほとんど入らないので、トレースを期待することはできず必ずラッセルになるが、雪山ならではの登山が楽しめる山となる。ただそれだけにしっかりとルートを見極めて登ることが重要だ。

▼コースタイム〔スノーシュー〕国道8号沓掛《くつかけ》バス停（40分）新道野峠（1時間5分）大師走《おおしわす》（1時間）三方ヶ岳（1時間40分）行市山（1時間10分）集福寺（35分）沓掛バス停

▼アクセス　JR北陸線木之本駅から新道野への湖国バスがある。車では北陸自動車道木之本ICから国道8号、あるいは国道161号から国道303号を経て国道8号へ入り新道野越へ。国道なので駐車できるところは限られる。

▼アドバイス　湖北、湖西の狭間の比較的積雪が少ない山域で、標高も低いので暖かくなると積雪の減りが速く、1月、2月の降雪直後を選びたい。新道野越から行市山までは距離が長いので、スピーディに登ること。途中から下山するなら、三方ヶ岳手前の送電線鉄塔の走る尾根か、三方ヶ岳から南に延びる尾根がエスケープルートとなる。

▼2.5万図　木之本、中河内

1

2

滋賀県・福井県
行市山・三方ケ岳

3

4

5

1三方ヶ岳への手前から見た琵琶湖。日本海との交流の港となった大浦と塩津、二つの湾が眺められる。
2三方ヶ岳周辺では、滋賀県側が植林地、福井県側は雑木林が続いていて、たっぷりと雪の積もった斜面に映る木々の影が印象的だった。
3行市山山頂から見た余呉の谷間と伊吹山。戦国期には柴田勝家の支配下にあったこの山上からは、北国街道が一目で見渡せる。
4三方ヶ岳への登りはこの縦走でのハイライトといえるだろう。ここを越えると行市山までは暗い植林地の中だ。
5 新道野越から一登りして振り返ると、乗鞍岳、岩籠山の稜線が姿を現した。

滋賀県

綿向山《わたむきやま》 ●1110m

西明寺↓表参道↓綿向山↓竜王山↓西明寺

2013・2・21

それっ 雪山へ

雪が降った、それっと気楽に出掛けられる雪山ということで、何度か綿向山に登ることがあった。この山は鈴鹿南部にあり、そんなに雪が多く積もることはないが、アプローチがよく、登山道がしっかりとしていて、標高が高いこともあって、手軽に雪山を楽しめる。ただ降雪回数が少なく融けるのも速いので、真冬の降雪直後しか雪山登山という雰囲気にはならないだろう。一番最近に行った綿向山は、まさにそんな雪山が楽しめた。

この日の綿向山は寒かった。前線が通過して山にも雨が降り、その後気温が下がって冬型になるのは、冬ではよくあるパターンである。冬型といっても綿向山あたりでは長く続かず雪もそんなにも降らないが、山頂付近の気温は低く、ガチガチに凍った冷蔵庫の中にいるようだった。

稜線の樹木はびっしりと霧氷に鎧われ、頂上に着いてもじっとしている気にもならず、すぐに竜王山への縦走にかかった。竜王山への縦走路は急斜面が多いのだが、この日の雪質は最悪で、スノーシューが全く歯が立たず、ずるずると滑るばかり。こんな雪質は初めてだった。

しかしこんな雪質は陽当たりの悪い杉の植林地の急斜面だけで、高度を下げるにつれて問題もなくなり、陽も出始めた。竜王山から下る頃はもうぽかぽか陽気。厳冬と春が同居したような綿向山の一日だった。

こうして雪山という視点で見てみても、私の住む滋賀県は雪国から全く雪のない山そしてその中間と、じつに登山環境が多様な地だということを実感し、楽しんでいる。

●コース案内

鈴鹿山脈南部にあり、主脈から平野部へと張り出した最前線に位置している。平野から間近に仰ぐ山だけによく目立ち、アプローチにも恵まれ、雪もそんなに多くないので、気楽に登れる雪山として人気がある。いくつもの良い条件が重なっているだけに、季節を問わず多くの登山者が訪れる。

登山コースはいくつか考えられるが、ここに紹介する表参道からの登山者がほとんどを占め、降雪直後でなければトレースされていることが多い。標高が1000mを超えるだけに山頂付近は気温も低く、霧氷が発達するので、冬に登る登山者も多い。

雪が少なくよく踏まれているので、雪山に慣れた人には物足りなく感じるだろうが、山頂から竜王山へと縦走すると、変化にとんだ面白い周回コースとなる。これ以外では西明寺からは水無山《みずなしやま》を回るコースがあるが、登山道は斜面をトラバースしているところが多いので、積雪期は忠実に尾根を辿ること。

▼コースタイム（スノーシュー）

御幸《みゆき》橋登山口（1時間35分）五合目（1時間）綿向山（1時間40分）竜王山（1時間5分）御幸橋登山口

▼アクセス 登山口の御幸橋手前の西明寺へと、日野記念病院から近江鉄道バス運行の日野町営バスがあるが、平日のみの運行。車では国道477号の日野町音羽で北畑へと入り、西明寺バス停からさらに奥へと入ると御幸橋駐車場がある（無料）。冬季の積雪は少ないが、雪道への準備は万全に。

▼アドバイス 鈴鹿南部で積雪は少ない山域だが、標高が高い山だけに雪山登山も楽しめる。冬季は霧氷を目当てに登る人も多く、冬も登山者は多い。

積雪が多い地域ではないので、積雪状況を予め確認しておきたい。表参道登山道から綿向山山頂までは危険箇所もないが、竜王山への稜線は、急斜面となって切れ落ちている箇所や、尾根が狭いところもあるので、充分に注意して歩きたい。

▼2.5万図 日野東部、土山

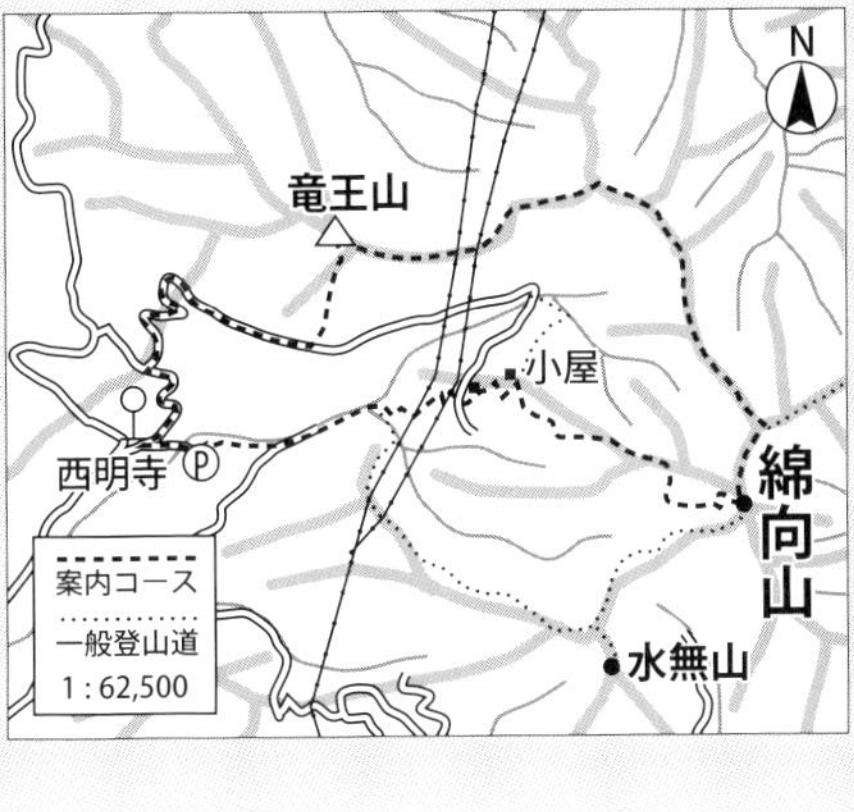

1

滋賀県
綿向山

2

3

4

5

1綿向山から竜王山へと向かう稜線。小さいながらも雪庇が出ており、雪の少ない鈴鹿とは思えない迫力のある稜線だった。

2綿向山頂上付近の樹氷。大きなブナにもびっしり氷が着き、寒々とした風景が広がっていた。

3杉林の中をもくもくと登って五合目に着いた。トレールがあり雪は足首程度。ここから雪は増える。

4山頂には数パーティの先行者があった。寒い山頂にゆっくりと休む気にもならず、すぐ折り返して竜王山へと歩き出した。

5竜王山へと向かう稜線から見たイハイヶ岳は、ガレ場に雪を纏いキリッと締まる小さく尖ったピークだった。印象に残る山である。

雪山の装備

ワカン
スキー靴
スコップ
スノーシュー
ザック
スノーシュー
スキー
ストック
ザック
登山靴
アイゼン
GPS
ツェルト

雪山登山の装備について

雪山での衣類以外の主な装備について見てみよう。本書では、標高1800m以下の日帰りでの登山で、スキーもしくはスノーシュー・ワカンを使用している。

▼スキー

スキーはフォルクルの165㎝でシールはこの板専用のもの。ビンディングはディアミールを使用。

▼スノーシュー

ここ十年ほど、MSR製のEVOとライトニングアッセントのスノーシューを使用している。深雪に強くて下りでのスピードが早く、その性能には満足しているが、雪が締まってくれば、ワカンの方が使いやすい。携行しやすく軽いのがワカンの良さであろう。ワカンはアルミ製を使用。

▼ストック

スキー・スノーシュー・ワカンでの山行に使用。カーボン製は軽くて丈夫で使いやすい。

▼スキー靴・登山靴

スキー靴はガルモントのG-LITE。べロが当たるすねが痛くなるが、踵などの靴擦れもなく履きやすい。登山靴はハンワグ製の革の登山靴で、底を一度張り替えている。足入れが良く歩きやすいが、重さが気になる。

▼アイゼン・ピッケル

1000m以上の山では、吹きさらしの稜線ではかなり堅い雪となる。本書の中ではアイゼン・ピッケルは使用していないが、雪の条件によっては必要となる場所がある。

▼スコップ

山スキーでの1300m以上くらいの山では持っていっている。

▼ツェルト

雪山ばかりでなく、いつ、どんな山でもザックに入れておく必携の装備。緊急時だけでなく、寒い時の昼食時など、かぶるだけで随分と違う。

▼GPS

ツェルトと同じく必需品。特に雪山では心の安心度が大きく変わった。

▼ザック

雪山用といっても大きく変わるところはないが、背面にスノーシュー・ワカンが付けられるベルトが付いている。容量は35〜45ℓくらい。

▼ガスバーナー・コッヘル・ヘッドランプ・非常食

写真には入っていないが、昼食は暖かいものをとるので、ガスバーナー・チタンコッヘルを持って行く。また必ず携行するものとして、ヘッドランプと非常食のカロリーメイトがある。

山の位置図
▲ 厳寒の山・春近き山
△ 関西とその周辺の雪山コース①②
971m峰
上谷山
谷山
三国岳
左千方
ショガ谷ノ尾
大黒山
神又
猫ヶ洞
安蔵山
横山岳
妙理山
墓谷山
七々頭ヶ岳
柳ヶ瀬山
大浦越
金糞岳
大平良山
大谷山
三国山
己高山
射能山
三十三間山
大御影山
賤ヶ岳
五台山
虎子山
三重嶽
駒ヶ岳
与助谷山
伊吹山
三方ヶ岳
武奈ヶ嶽
行市山
百里ヶ岳
地蔵谷峰
カベヨシ
蛇谷ヶ峰
三国岳
909m峰
霊仙山
武奈ヶ峰
白滝山
烏谷山
蓬莱山
比良岳
皆子山
藤原岳
竜ヶ岳
日本コバ
綿向山
鎌ヶ岳
富山県
猿ヶ山
石川県
帰雲山
1745.9m峰
取立山
経ヶ岳
薙刀山
福井県
銀杏峰
岐阜県
庄部谷山
氷ノ山
京都府
兵庫県
八丁平
(峰床山)
岐阜
名古屋
滋賀県
京都
大津
神戸
大阪
奈良
三重県
津

春近き山

滋賀県
京都府

八丁平《はっちょうだいら》

△969・9m（峰床山）

江賀谷↓八丁平↓オグロ坂東尾根

2015・2・21

雪のウェーブに魅せられた雪原

夏に剣岳北方稜線の猫又山へと、大猫山を経由して登ったとき、大猫山直下の大猫平という緑の台地に刻まれた、柔らかな地形のウェーブに魅せられた。この山上の平に特別な思いを寄せたのは、この冬、京都北山の峰床山《みねとこやま》の下に広がる雪の八丁平を歩いたことが影響している。

すっぽりと雪に包まれた真っ白の八丁平、雪に細流を刻み込み、湿原の微妙な凹凸を描き出すブルーの濃淡の透明感に引き込まれた。こんな雪の八丁平に出合っていたので、冬の晴天の日の大猫平はどんな姿をしているのだろうか、という空想が湧き出したのだった。

雪の八丁平はすごく美しかったのに、人が入らないのを不思議に思った。というのも八丁平への登山道は滋賀側、京都側共に林道歩きが長いというのがネックで、特別に奥深いわけではないのに、意外と近づきにくいというのが、登山者が敬遠する理由のようだ。すぐ向かいの武奈ヶ岳には冬でも列をなすほど登山者が続くのに、この八丁平は登山者とはほとんど出会うことがない。

雪山に登るのには、夏道にはとらわれずに地図からルートを読み、日帰りで可能なルートを設定する、それが楽しみである。八丁平へは滋賀県側の江賀谷林道から入って、谷道となる右俣登山道は捨て、左右両俣間の尾根を登ってから入った。尾根から誰の足跡もない美しい雪の八丁平の広がりを見て初めて、ああ、来て良かったと思った。

まさに八丁という言葉が形容する、深い、広い、遠いという意味を実感したし、その平の地形の妙に思いを寄せた。

●コース案内

八丁平はどこから登っても一山越えなければならないので、意外と近づきにくい山だ。京都側の花背、久多、滋賀側の江賀（伊賀）谷などのルートが考えられるが、一番近づきやすいのが江賀谷林道からのルートであろう。両俣の出合までの林道歩きが1時間ほどかかるが、距離は稼げる。

両俣間の尾根は取り付きから標高850mあたりまでが急な登りが続いて苦しいが、・914mピークから八丁平に下るまでは緩やかなアップダウンの尾根である。八丁平までは3時間あまり、朝早く出れば峰床山山頂に立つことも可能となる。

下山路は同じルートを下るのはおもしろくないので、オグロ坂から県境稜線を北にとり、途中の約930mから東へと延びる大きな尾根を歩けば、江賀谷出合付近へと下る、周回するコースができる。いくつかの900m台のピークが並ぶ、歩き応えのある尾根である。江賀谷林道へと下る最後は急な下りが続くので、尾根を間違えないようにしたい。

▼コースタイム〔スノーシュー〕　葛川《かつらがわ》中村（1時間）江賀谷両俣出合（1時間20分）914m（50分）八丁平（1時間）県境稜線東尾根分岐（1時間50分）葛川中村

▼アクセス　坊村バス停へはJR湖西線堅田《かたた》駅始発の江若バス（出町柳始発の京都バスが土曜・休日のみ運行しているが、冬季は運休）が運行している。マイカー（走行ルートは武奈ヶ岳に同じ）では江賀谷林道入口の除雪終点（学校の横）に駐車。

▼アドバイス　江賀谷両俣出合からの尾根取り付きは急斜面の登りとなる。八丁平からの峰床山登頂も可能だが、ペースによっては時間的に厳しいかも知れない。県境稜線からの東尾根下降はしっかりとした地図読みが必要。

▼2.5万図　花背

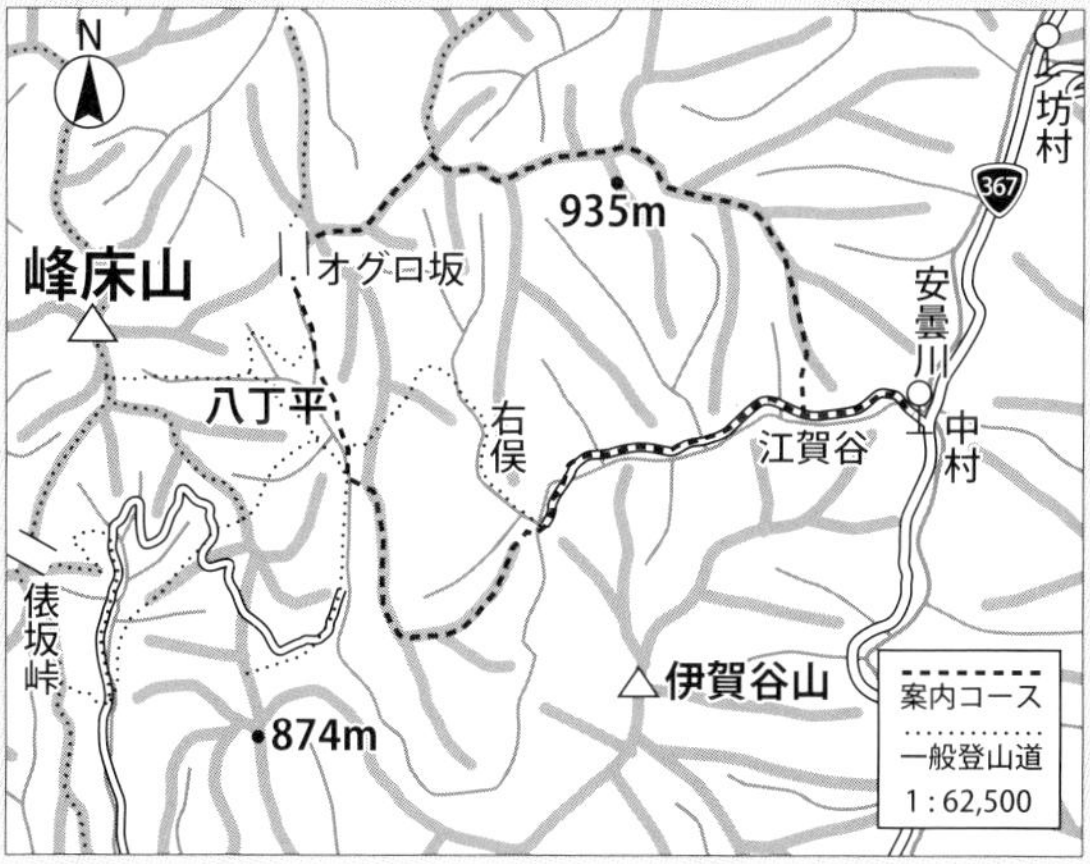

2

滋賀県・京都府

八丁平

1 尾根から八丁平へと下る斜面からみた八丁平。苦労して尾根を越えてきた甲斐があった。深い山中に広々とした湿原の風景が広がった。
2 細流が集まる八丁平。時間があればもっと隅々まで歩いてみたくなるところだった。

3

1

4

5

3県境稜線から東へと延びる大きな尾根を歩いた。林道に下りるまで気持ちよく歩けた尾根だった。

4江賀谷両俣間の尾根から県境稜線まで急な尾根をがんばって登ると、やっとゆったりとした尾根へと変わった。

5広々とした八丁平から、オグロ坂への斜面を登った。この道は織田信長の越前攻めの折の敗退路となったルートで、六尺道と呼ばれる道が残っている。

滋賀県

白滝山《しらたきやま》●1022m・蓬莱山《ほうらいさん》△1173.9m

中村↓白滝山↓蓬莱山↓坂下

2011・2・23

ひとりの雪山

ひとりで山に出掛けることが多い。登山口には、〝単独登山はやめましょう〟などという看板を見ることもあり、ひとりで山に登って行方不明になる人も多い。

確かにひとりの山は、パーティでの登山と比べて危険性の確率が高いことは否定できない。しかし危険性の確率が高いからといって、単独登山は駄目だというのはどうだろうか。

登山は一人での不安や危険もあるが、一人ならではの悦びもある。プレッシャーを感じ、出掛ける前には、いろいろとネガティブに考えることもあり気が重くなることもあるが、いざ歩き出してしまうとそんな思いはどこかに吹き飛んでしまい、出掛ける前の重い気分などどこへやらである。

真っ白に伸びる雪稜、静かな深い森、白く雪が被る山上の池、誰とも出会うこともない雪の尾根や谷を、ひたすらワカンで雪を踏んで進んでいると、不安どころか快感を感じた。ひとりで来てよかったと思う。この深い山中に自分ひとりしかいないということに、優越感のようなものを感じることもあるのである。

比良の白滝山から蓬莱山への緩やかな尾根や浅い谷間をさまよっている時、今この山にいるのは自分だけという、一人ならではの悦びが湧き上がってくるのだった。

びわ湖バレイのスキー場まで進むと静けさは一変、今までとはまったく別の世界に迷い込んだような気になる。しかしスキー場を抜け小女郎峠《こじょろう》から葛川坂下へと下り始めると、再び静寂の世界をさまようことになった。

●コース案内

白滝山は積雪期にはほとんど人が入ることがなく、さらに蓬莱山へと登るコースは無雪期でも静かなコースとなっている。一方、蓬莱山にはスキー場があるので、登山者も多いが、蓬莱山近辺だけに限られている。

白滝山から蓬莱山一帯は、白滝谷源流部の緩やかに広がる尾根の間にいくつもの池が点在し、比良山系では忘れられたような一帯なのだが、積雪期にこの緩やかな凹凸が続く尾根や谷は、スノーシューやワカンで歩くには魅力ある地形といえる。積雪期にこそ歩いてみてほしいイチ押しコースである。

しかし積雪期に１０００ｍの山上まで下から登って下るだけでも結構しんどく、さらにゆるやかにアップダウンする山稜を歩くというのは、条件によっては厳しい山となる。蓬莱山の隣の打見山までスキー場のロープウェイがあるので、これで登ってコースを組み立ててもいいのではないだろうか。

▼コースタイム（ワカン）　中村（2時間15分）白滝山（2時間）蓬莱山（2時間）坂下

▼アクセス　登山口の葛川中村バス停へはJR湖西線堅田駅始発の江若バス（出町柳始発の京都バスが土曜・休日のみ運行しているが、冬季は運休）が運行している。マイカー（走行ルートは武奈ヶ岳に同じ）では、路肩駐車となる。

▼アドバイス　白滝山への登りは中村からの送電線鉄塔尾根を登るが、取り付き（学校の前の国道から）が分かりにくい。コース全体は無雪期に道があるところでもなく、ゆるやかに起伏する尾根や谷を越えて行くので、確実に地図を読んで行動すること。新雪期の場合はラッセルが厳しくなることが予想されるので、時間を頭に入れて行動すること。

▼2.5万図　比良山、花背

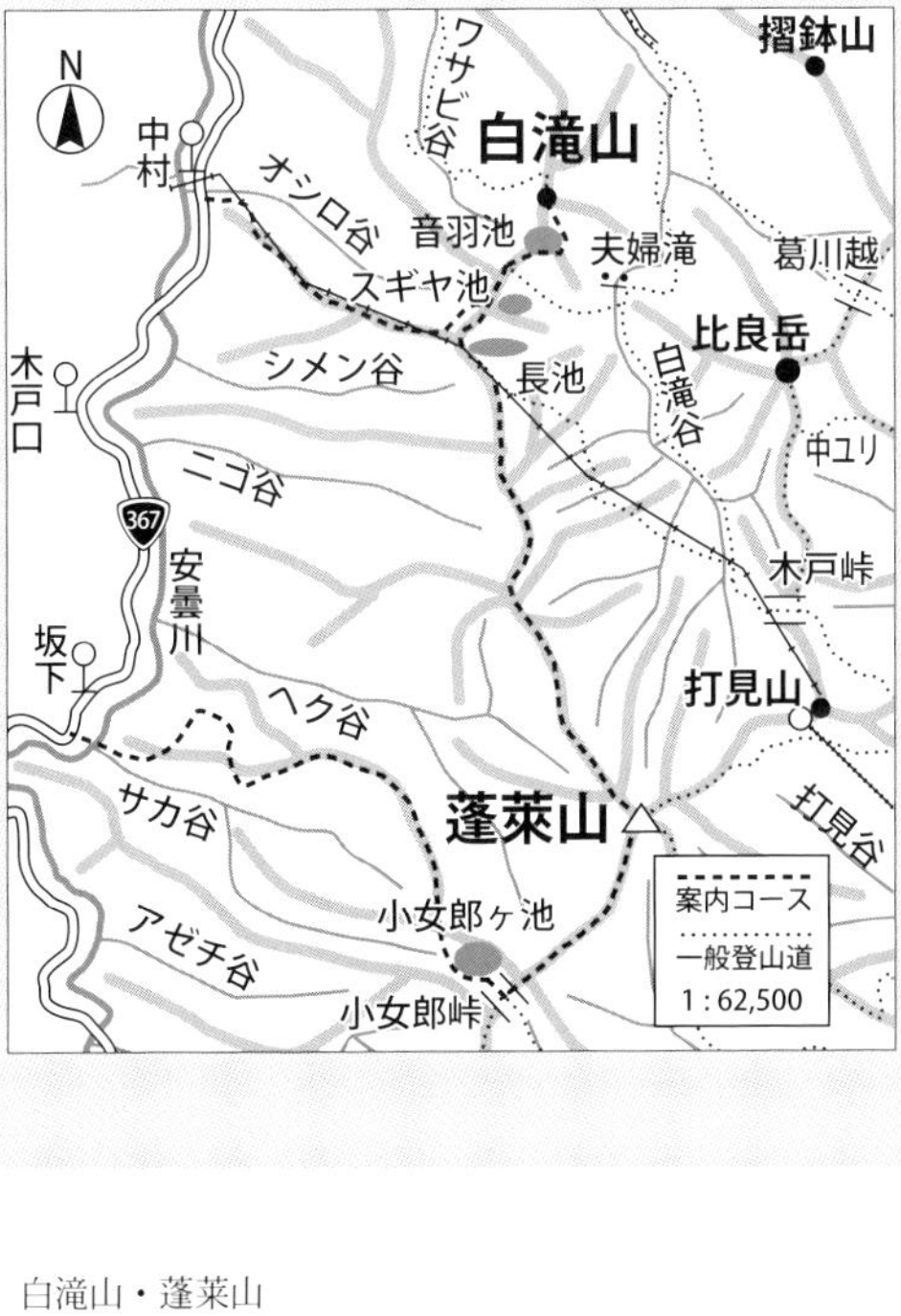

滋賀県
白滝山・蓬萊山

2

3

4

5

1蓬萊山への登りから振り返り見る武奈ヶ岳。比良山系の盟主だけに堂々とした貫禄を備えているのはもちろんのこと、眺めるほどに気品ある美しい姿が迫ってくる。

2音羽池はすっぽりと雪に覆われていた。一面の雪の窪みの広がりは、思った以上に大きく見えた。

3白滝山の池群の中で最大の池がこの長池。大きい池だが浅い窪地が広がっているだけだ。

4小女郎峠手前の斜面にある石仏。どの季節に出合っても印象に残る石仏である。

5山上の池としては比良最大級の小女郎ヶ池。哀しい伝説が残る池だが、雪の季節の今見ると実にあっけらかんとした、明るさばかりが記憶に残っている。

滋賀県
京都府

三国岳

みくにだけ・さんごくだけ

△959・1m

古屋↓岩谷峠↓三国岳↓桑原

2008・3・2

雪山入門コース

雪山を歩く悦びを知り、楽しさを実感する雪山入門コースとして、朽木《くつき》側からの三国岳をまず一番に上げたい。どこまでも深い樹林に覆われ、登山者を心地よく包み込んでくれる山である。私が山を始めたころでは、この奥深い山へ手軽に取り付いて、山頂まで登れるとは思いもしなかった。

しかし今では、雪深い時でも登山口まで車で簡単に乗りつけ、暖かいウェアや軽快な登山靴などに身を包まれて、スノーシューで新雪の深い雪を切り開き、GPSが進むべきルートを導いてくれる。残念ながらどれもが自力によるものではなく、他力任せであり、人間に力がついたわけではない。しかしそれを自覚し、勘違いしないようにすれば、この歳になっても、三国岳の山頂直下にある、大谷の源流部の広い谷へと駆け下り、ブナやトチの木々の間を訪ね歩いて、気軽に冬の原生の森の姿を見ることができるようになった。

現代の装備は登山にとっては確実にプラスになっていることは事実である。私のような力の衰えた者に力を貸してくれることには、有り難く享受させていただこうと思う。

三国岳は朽木の針畑《はりはた》川の桑原、古屋《ふるや》から三つのルートがあり、山頂まで雪の状態にもよるが、二時間半から四時間程度である。山頂といっても目立つピークでもなく、特別に眺望がきくわけでもない。しかしここは奥深き山々の入口であり、この山稜から芦生《あしう》側には、原生の森が広がっている。そんな森へとちょこっと足を踏み入れて、深い雪の中、源流の森でランチを楽しんでみるのもいいものだ。

●コース案内

ずっと昔に三国岳へと登った頃は、芦生演習林の境にある随分と奥深い山だという感覚があった。ところが今は、取り付きやすく便利な山となった。車社会になり道が良くなったことや、山の装備の向上が変えたのであろうが、山自体も変わっている。昔はまったくの藪山であったが、現在はいくつものコースが整備された、登りやすい山となっており、逆に昔の山の姿がなつかしく感じられるほどだ。

今の三国岳は、麓の集落から冬も簡単に日帰りで登れる山になった。それでいて山上は、芦生原生林という自然林を楽しむことができるというのが、この山の魅力となっている。山頂直下に芦生の由良川へと流れ下る大谷の源流部が回り込んでいて、稜線からその浅い谷間へと簡単に下ることができる。ここはブナやトチの巨樹の原生林が広がる素敵な場所だ。この谷間へとちょっと下りるだけで、その一日の山歩きの印象を大きく変えてくれる。

▼コースタイム〔スノーシュー〕
古屋保谷《ほうだに》林道入口（55分）岩谷峠への林道分岐（1時間35分）岩谷峠（1時間10分）三国岳（1時間40分）桑原

▼アクセス　朽木一帯は高島市営バスが運行されているが、日帰りではバス利用は時間的に厳しく、車の利用となる。国道367号の梅ノ木で奥山川に沿う道に入り、久多川と針畑川が合流する久多川合で右折し、針畑川に沿って遡り古屋へ。保谷林道入口付近に駐車。

▼アドバイス　このコースでは桑原に下りてから車道歩きがある。歩けない距離ではないが、車を一台回送しておくと便利だ。コース全体では樹林帯が続くので、ある程度の悪天候でも対応できるが、林道歩きが長く、雪が多ければラッセルに苦しめられるし、尾根ではしっかりとした読図力が必要とされる、雪山に慣れた人向きコースである。初心者向きとするなら、下降路の桑原からの三国岳往復とするのがいいだろう。この往復コースなら車道歩きもなくなる。

▼2.5万図　久多、古屋

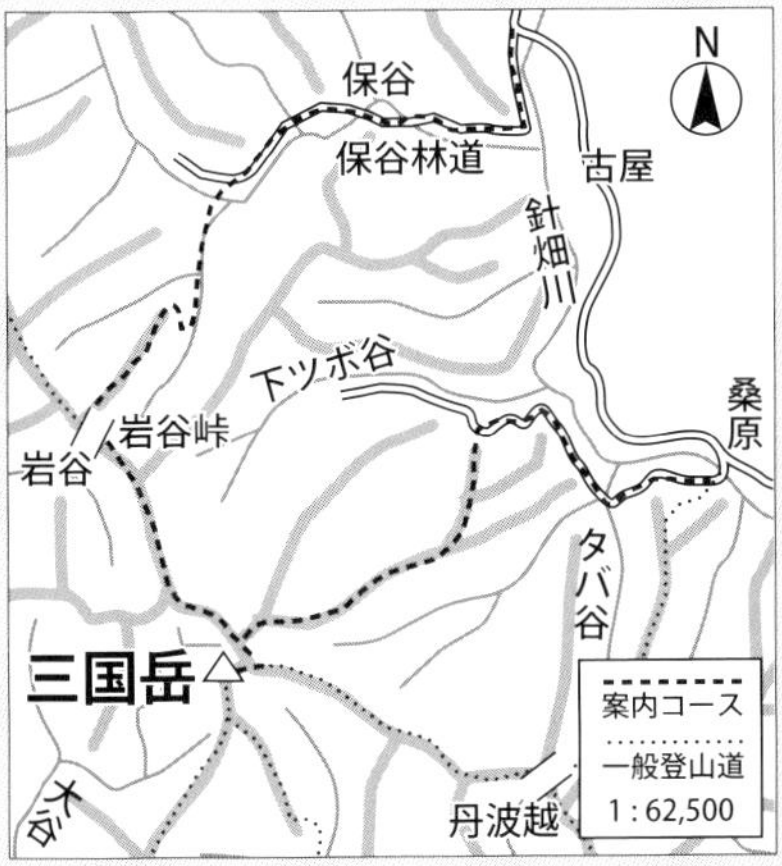

1

2

滋賀県・京都府 三国岳

1三国岳直下、芦生側の大谷源流部。緩やかに広がるこの源流部でいつもお昼にする。静かな原生林の中は落ち着きがあって気持ちもゆったりとしてくる。

2大谷源流の倒木に積もった雪のトンネル。ブナの大樹の樹林が美しいところだ。

4

3

3古屋から保谷林道を進んで、岩谷峠へと進む支流へと入って尾根へと取り付く。我々の前進によって何頭かのシカが逃げ惑って雪に阻まれ、動けなくなるというハプニングがあった。
4 岩谷峠から芦生研究林との境界稜線を三国岳へと登る。稜線はかなりの積雪量で、雪も締まっていてスノーシューでの歩きが心地よかった。
5保谷林道の登り口となる古屋の橋から見た、針畑川と古屋の集落。雪の季節のここからの眺めが好きだ。いつ見ても清々しい風景を見せてくれる。

5

滋賀県
岐阜県

猫ヶ洞《ねこがほら》

△1065・3m

八草トンネル入口↓土蔵岳・猫ヶ洞往復

2015・3・5

奥美濃慕情

土蔵岳《つちくらだけ》といえばオールド奥美濃ファンには懐かしい山であろう。目立たない山容で、この頃では登る人も少なく、名実ともに地味な山となっている。さらに隣のピークの猫ヶ洞ともなれば一層であろう。しかし猫という山名はどこか気になる山名である。地図を見ると、よくある猫の耳という双耳峰の山容と言えなくもないようにも思えるのだが、どうなのだろうか。どこかから猫の耳に見えるところがあるのだろうか。

登山道はないので両山とも積雪期の山となるが、雪山となると、岐阜県側の川上からスキーでオオダワ、土蔵岳へと登って上原谷《あげはら》への滑降は、地味な山どころか、いつまでも心に残るような、ファンタスティックな山行だった。一方の猫ヶ洞はほとんど記憶になく、木に登って雪庇を乗り越したことを憶えているだけだった。

三ツ又の別称を持つ猫ヶ洞は、一度登ってはいるものの、この県境稜線北の神又《かんのまた》、左千方《させんぼう》などを残雪期に続けて登ってみると、もう一度登ってみたい山として浮上してきた。

残雪の季節へと変わる頃、その猫へと登った。麓の雪は少なくなっていたが、まだまだ豊富に雪がある県境稜線に出ると、無心になって頂上へと足を運んだ。神又、左千方もそうだったが、とりたてて印象に残るところはない山、これが奥美濃というところなのだと思った。悪くない山であったが、もう一度この山に向かわせる気にさせたのは、どんな思いだったのか。猫ヶ洞という山名が気になったのか、はたまた昔、想いを巡らせた奥美濃への思慕の情が湧き上がったのだろうか。

●コース案内

奥美濃の山の西端を形成する、伊吹山から三国岳に至る岐阜と滋賀の県境稜線の山々は、伊吹山、金糞岳を除いてはそんなに際立った山容の山はなく、山稜は地味で目をひく風景もそんなにない。その県境に位置する土蔵岳や猫ヶ洞も、岐阜県側からは奥深い山ではあるが、流域最奥の川上集落からは近く、取り付きやすい山といえる。

岐阜県側の川上からオオダワ、土蔵岳、猫ヶ洞へというコースからよく登られている一方、滋賀県側は平野部からも比較的近く、車によるアプローチも便利なのだが登る人は少ない。そんな極め付きの地味な山なのだが、何とも味わい深い山で、かえって強い印象となって返ってきた。

▼コースタイム〔スノーシュー〕

303号八草《はっそう》トンネル入口（2時間30分）土蔵岳（50分）猫ヶ洞（40分）土蔵岳（2時間10分）

▼アクセス　車利用での登山となる。北陸自動車道木之本ICから国道303号で滋賀・岐阜県境の八草トンネル滋賀県側の入口へ。トンネル横に駐車。

▼アドバイス　国道303号の旧道を少し歩いてから尾根へと取り付く。樹林帯の中の登りで難しい箇所のない坦々とした登りが猫ヶ洞まで続く。寡雪の年が多い近年では、三月初旬を過ぎると雪が減ってきて、下部では藪が目立つようになり取り付きで苦労するかも知れない。登る時期を逃さないようにしたい。写真にあるように、猫ヶ洞の手前で、木に登りながら雪庇を乗り越える箇所がある。雪が多ければスキーも使えるルートである。岐阜県側は川上からスキーを使ってオオダワを経て登られることが多い。土蔵岳から上原谷へと滑り込むすばらしいルートがある。

▼2.5万図　美濃川上

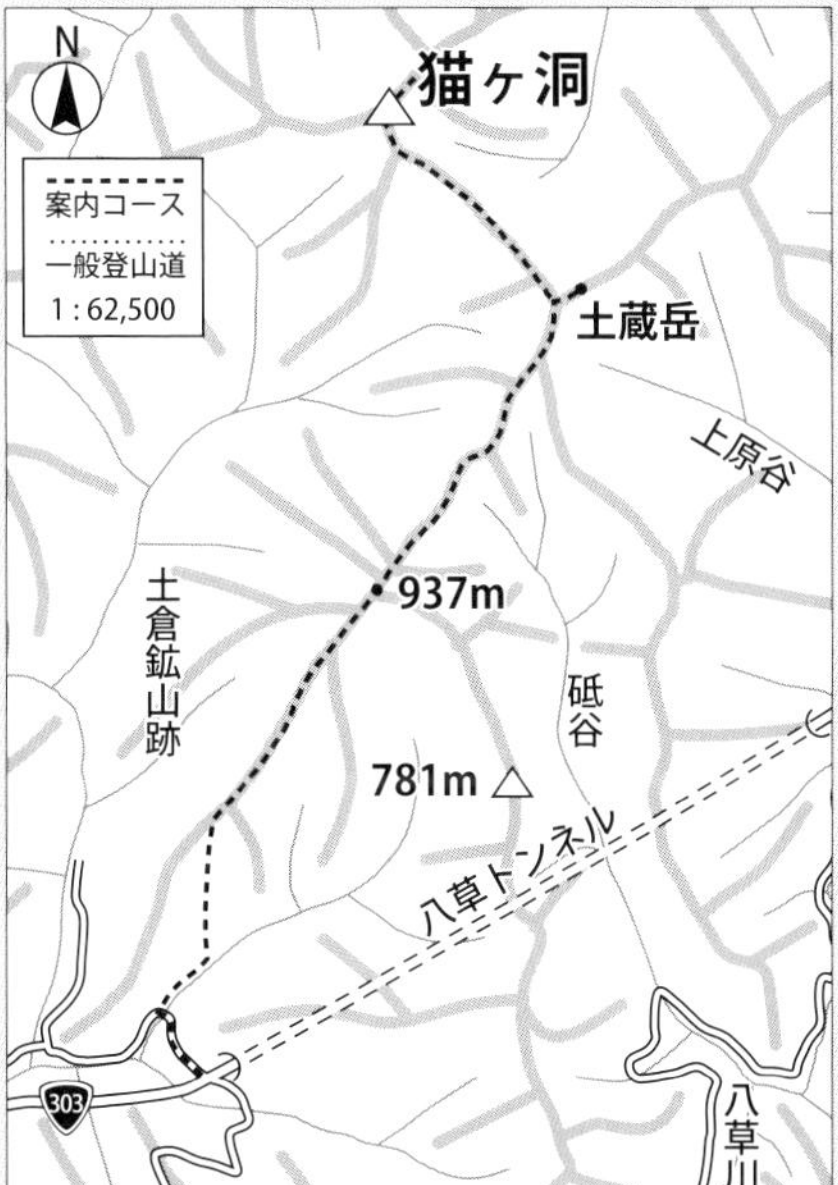

1

2

3
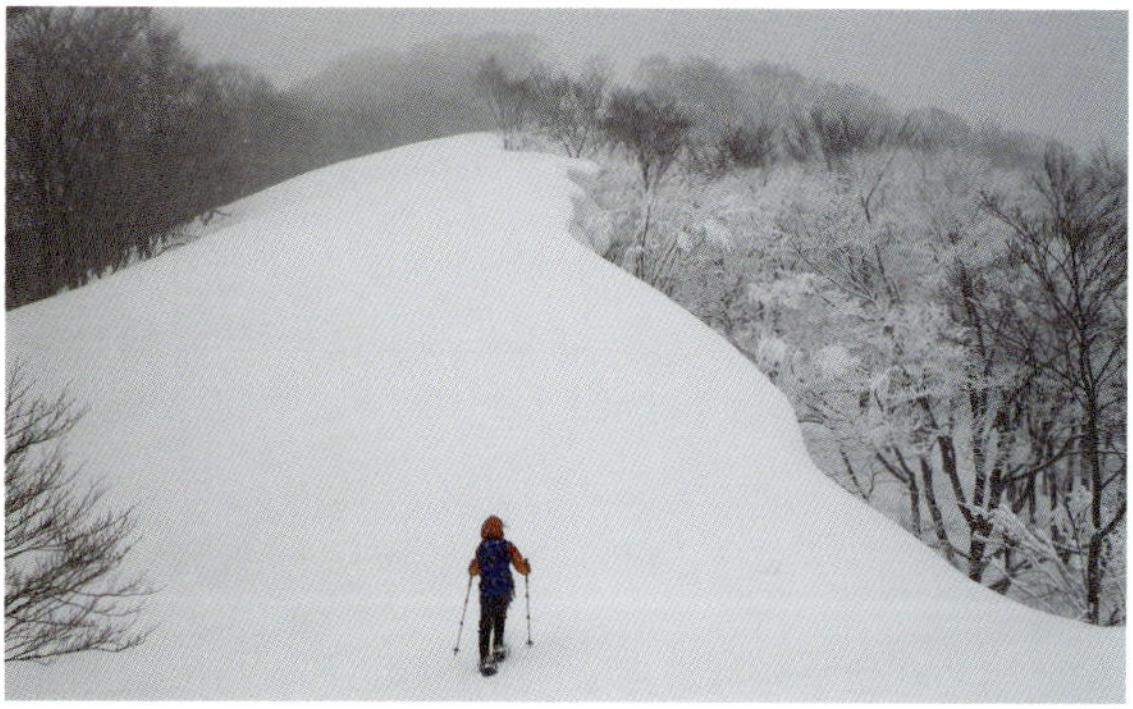

4

滋賀県・岐阜県

猫ヶ洞

1取り付き付近は地肌が出ているほどの積雪量だったが、土蔵岳頂上も近くなったこの付近では、さすがにまだ多くの雪が残っていた。

2ゆったりとした稜線を土蔵岳へと登る。薄日が差しかけたのだが、結局は青空が覗くことがなかった。

3猫ヶ洞三角点から岐阜県側へとさらに真っ白の稜線を進むと、眺望が開けた台地に出る。

5

4 800〜900mあたりまで登ると開けた尾根となる。自然林の美しさが、雪山の楽しさを味あわせてくれる。
5猫ヶ洞頂上直下で尾根は直角に右へと振る。地形の影響か、いつも大きな雪庇が出ていて、木に登って雪庇を乗り越した。何人の人がこの木に抱きついたことだろうか。

福井県
岐阜県
滋賀県

三国岳《みくにだけ》 ●1209m・左千方《させんぼう》 △1196・8m

広野ダム↓岩谷川林道↓542m↓三国岳・左千方往復

2016・3・5

美しき江美越国境尾根

滋賀と福井の県境、三国岳から栃ノ木峠に至る稜線上の雄峰、上谷山へは、福井県今庄の日野川側から冬に何度も登っている。稜線から広野、橋立、宇津尾《うつお》の各集落へと延びる三本の顕著な尾根で、いずれもスキーでの登山に恰好の尾根であった。

しかし上谷山からさらに東、三国岳、三周ヶ岳、美濃俣丸《みのまたまる》などの山々へは、積雪期に登ったことがなかったので、まずその手始めに岩谷川に沿う林道から、三国岳、左千方《させんぼう》へと登った。

二〇一六年は全く寡雪の年で、積雪を待つ間にはや三月の声を聞くようになり、たまらず腰を上げた。本来これから雪の春山の時期という三月初旬だが、行ってみるともう雪山最後のチャンスかと思えるほどの積雪量であった。帰路に予定していた手倉《てぐら》山の尾根下り口を探りながら岩谷川林道を進んだが、ほとんど雪もなく、手倉山尾根の下降は諦めざるを得なかった。思った以上に雪は少なく、登りに使った末端に・542mピークがある尾根も、取り付きは雪がほとんどなく、藪こぎで登った。しかし尾根に上がりしばらく歩くと雪が続くようになった。

一日だけの好天との予報で青空が覗いたものの、三国岳付近だけは雲がとれなかった。ガスの三国岳で昼をとっていたが、晴れそうな気配がしたので、左千方まで足を延ばすと、ガスが吹き飛ばされて青空が覗き、白く雪をまとった上谷山の美しい姿が現れた。

広野ダムから往復十時間近く。身体の中は疲労の渦が駆け巡っていた。坦々と歩く静かな、しかし激闘の一日であった。

●コース案内

積雪期の広野ダムからは、一番手前の上谷山をはじめとして、三国岳、三周ヶ岳、美濃又丸などへと登ることができる。1000～1300m程度の山々の連なりだが、積雪は多く、スノーシューや山スキーでのすばらしいフィールドとなる山々である。岐阜・滋賀側からは近づきにいが、越前側は近畿・東海圏からのアプローチも比較的良く、、貴重なルートを提供してくれる。

三国岳への登路となった末端に542mのある尾根は、ブナ林の美しい尾根であった。二〇一六年は雪が少なく、三月初めなのに取り付きでは、藪に苦しめられた。通常の年なら、すばらしい雪山登山を楽しめるコースである。

▼コースタイム〔スノーシュー〕
広野ダム（1時間15分）林道尾根取り付き（2時間）県境稜線（1時間35分）三国岳（30分）左千方（35分）三国岳（1時間15分）県境尾根分岐（40分）林道（1時間15分）広野ダム

▼アクセス 登山口の広野ダムまでは車利用となる。今庄ICから国道365号、県道231号で日野川を遡り、終点の広野ダムへの岩谷林道入口へ。ダムまでは必ず除雪されているが、奥は完全に雪がなくなるまでは、車の通行はできない。ダム上に駐車できる。

▼アドバイス 積雪量に左右されるが、末端に542mのある尾根が、三国岳への最短ルートとなる。これ以外では岩谷林道終点から夜叉ヶ丸、三国岳に至る尾根ルートが考えられ、条件さえ合えば周回ルートとできる。

▼2.5万図 美濃川上、広野

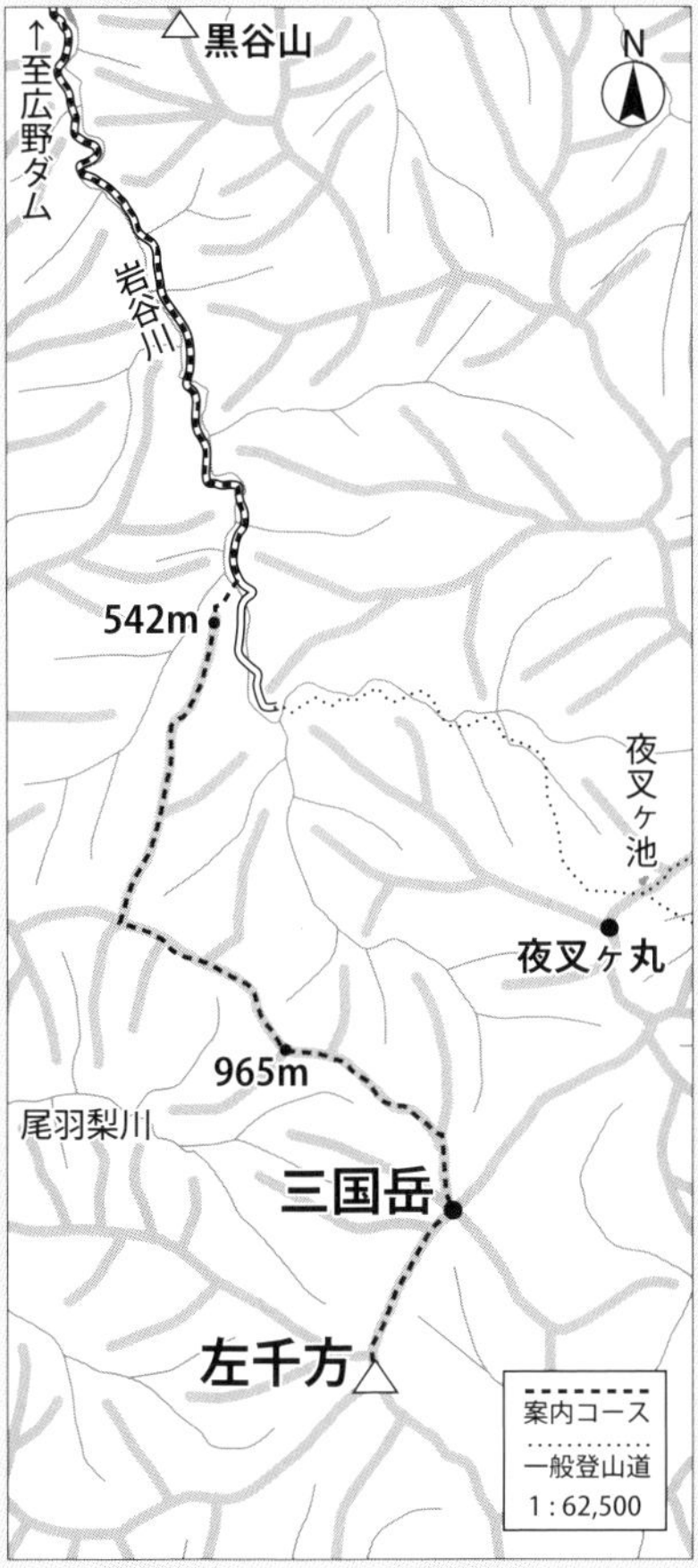

1

2

1左千方から見た上谷山。なかなかとんでくれなかったガスも、左千方まで登ったところでようやく動き始めた。稜線も雪は少なかったが、さすがに上谷山はひときわ白かった
2県境稜線に上がって、三国岳へと向かう途中から振り返って見る上谷山。

福井県・岐阜県・滋賀県 三国岳・左千方

3

4

5

3三国岳、左千方へと登っての帰路、県境稜線から振り返り見上げる三国岳は、まだ雲がまとわりついていた。
4岩谷川林道から支尾根を登って県境稜線へと登った。大きなブナが続いていた中での、最も大きかったブナ。周囲 4m はあろうかという立派なブナだった。
5岩谷川林道からの支尾根を往復した。雪が多くブナ林の美しい尾根だった。

岐阜県

1745・9m峰

御母衣ダム↓1745・9m峰往復

2005・3・6

白山へのあこがれ

山頂から真っ白の白山が望めた。取り付いてから五時間あまり、長い登高のはての山頂だった。私たちの実力では限界の雪山だっただろう。そんな山で見た白山は、神々しく美しかった。

1745・9m峰（ガオロピーク）は、距離や標高差から考えれば充分に届く山だと思ったが、標高が上がるにつれて、登高条件は厳しくなる。しかしこの日は快晴というコンディション。事前にネットなどで調べた限りでは、いくらラッセル力のないわれわれでも登れるはずだった。

この日、この山へと向かうパーティは幸か不幸か、私たちだけ。先行者のトレースがあれば楽に登れるかも知れないが、それをあてにしたり追ったりするでは雪山の面白さは減少する。その意味でも、好天に恵まれて私たちだけの山を楽しめるというのは、最高の幸であった。

頂上手前のブナ林の中で昼食を終えたのは二時を回っていた。もう少し登れば頂上とはいえ、限界ぎりぎりの時間だった。

針葉樹の狭い山頂に立つと、すぐに板を脱ぎシールを剥がしビンディングを滑降へとセットした。休んでいる間に、手先などはすぐに冷たくなるので、いつものことだが、体の暖かみが残っているうちに、下りへの準備をしておかないと落ち着かない。そしてみんなを待つ間に白山を眺めていると、やっと山頂に立った悦びが湧いてきた。

さまざまな山頂があるが、この山の山稜の下りはブナ林から始まる。いたって地味な山頂だがブナ林の滑降は楽しかった。苦しみの谷の滑降を終えて国道へと出たのは、もう暗くなる寸前だった。

●コース案内

御母衣《みほろ》ダム湖の西側、白山の別山から東に派生する大きな尾根から幾つにも分かれる支尾根にある一峰。地形図に山名が記載されている日照岳《ひでりだけ》の北にあり、ネットで検索するとガオロピークという名称で書かれている。この近辺は豪雪地で、これらの山の直下に国道156号が通っているので、車を置いたところから取り付ける山ということで、山スキーヤーが狙う恰好の山域となっている。

取り付きが標高750mくらいで、標高差約1000m。国道から比較的近い距離にある山だが、私たちのような年齢の高い山スキーヤーにとっては苦しい登りとなり、日帰りではぎりぎりの山となった。ネットなどで見ると、ここにとったルートが使われていることが多いようだ。

尾根からは北に三方崩山《さんぽうくずれ》、東に白山主峰を望み、山稜上部はブナ林の美しい尾根を下るという、スキーにとっては理想的な山であったが、下った谷は条件が悪く、スキーが上手くないわれわれには厳しい下りで、思った以上に時間がかかってしまった。

▼コースタイム〔スノーシュー〕

国道156号取り付き（5時間15分）1745・9m峰（2時間40分）国道156号取り付き

▼アクセス　車利用となる。東海北陸自動車道荘川《しょうかわ》ICから国道156号を北上し、御母衣ダムの牧谷出合付近に駐車。付近は駐車可能な場所は少ない。

▼アドバイス　尾根末端の国道156号のスノーシェード端のハシゴを登って取り付いている。急登が続き途中小さな雪壁があって、スキーを脱ぐところがあったが、危険箇所はない。1400mあたりから上部はゆるやかなブナ林の美しい尾根となり、雪質も良く楽しめた。下りは1400mくらいから始まる谷へと下る。パウダーを予想していたが、谷は雪が悪くて苦しめられた。

▼2.5万図　御母衣

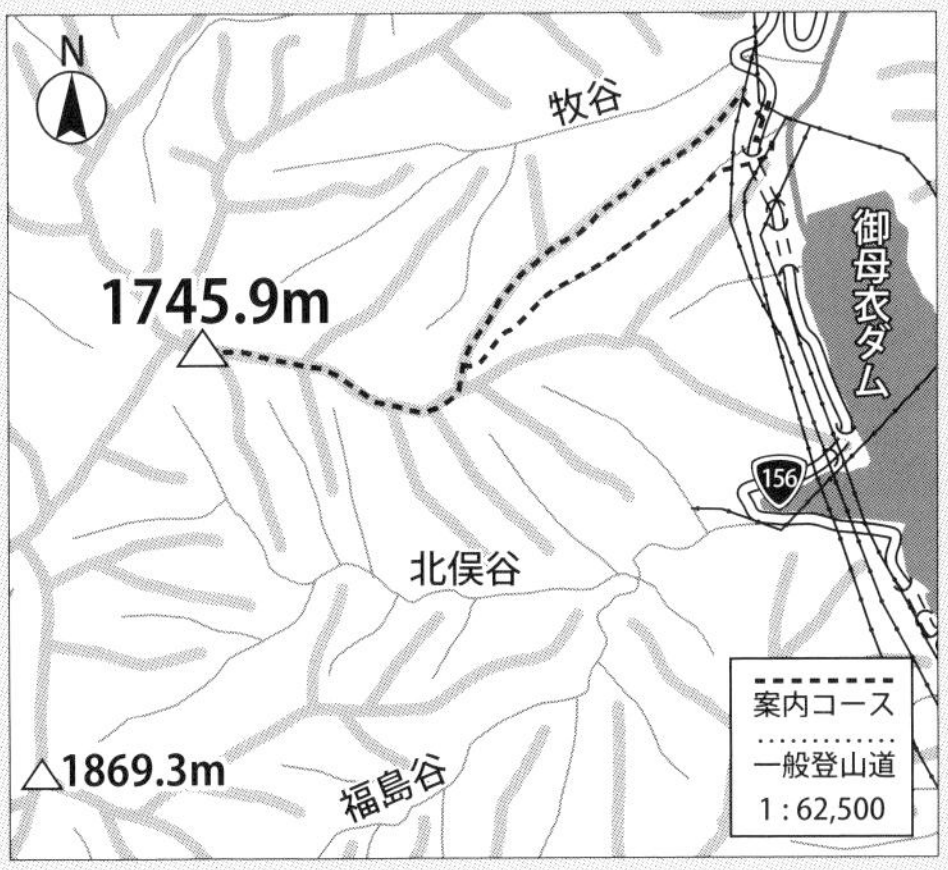

2

1山頂からの快適なブナ林の滑降、長い登りの辛さが報われるひとときだ。こんな時間を味わいたくてスキーで登るのだが、たいがいはこの後また、苦しめられる斜面が出てくる。
2山頂からの白山の眺め。長い登りだったがやっと白山を見ることができた。

岐阜県 1745.9m

3

1

4

5

6

3通称ガオロピークへと尾根を登る。この後広いゆったりとしたブナの尾根となる。
4尾根の下部では小さな雪壁に突き当たり苦労させられた。
5山頂からの広いブナ林。疎林の中を直滑降で飛ばす、緩やかな尾根がしばらく続いた。
6下りの滑降コースは尾根の途中から谷へと滑り込んだが、ガチガチに固められた雪に四苦八苦。やっぱり最後まで楽しみは続かない。

滋賀県
岐阜県

射能山《しゃのうざん》 △1259・7m

甲津原↓1210m峰西尾根↓射能山往復

2013・3・6

してやったり

姉川源流に射能山という山がある。ゆったりと広がる源流部に浅く緩やかな流れが複雑に入り組む台地状の山稜に、小さく尖ったピークを載せた、何とも可愛らしい山。美濃側ではブンゲンの山名も持つ。付近は積雪も多く、魅力的な稜線を延ばしているのだが、この山に登るほとんどの人がコースとする、直下の奥伊吹スキー場からの往復登山では、せっかくの恵まれた魅力が生かされない。

この山がいいのはゆったりと広がる山稜を歩くことで、この素晴らしい山稜を楽しむことができたのはひょんなことからであった。

射能山の南の県境稜線上にある1200mピークから西に延びる尾根を、甲津原《こうづはら》の集落の手前から取り付いた。笠岩山という山名を何かの本で知り、その笠岩を探しに一人でこの西尾根を登ったもので、笠岩山ではと思っていたその尾根上にある、△1006・2m峰へと向かったのだった。

ところが尾根を登っても笠岩は見つからず、結局は県境稜線近くまで登っても見つけることができなかった。もう時間も昼頃、そろそろ引き返さなければならない時間になってきた。ラッセルも疲れてきたので県境稜線まで登って帰ろうかとも思ったが、考えてみると北には射能山がある。よし、ここまで来たら射能山に登ろうと思った。

県境稜線はゆったりとした稜線が射能山まで続いていた。もくもくと足を出し、たどり着いた山頂からの眺めは最高だった。思ってもみない射能山登頂、傾いた陽の中を麓の林道に着いたときは、してやったりという気持ちがわき上がってきた。

●コース案内

射能山という山名よりブンゲンの山名の方が知られているかも知れない。西側の滋賀県側、甲津原集落の奥に奥伊吹スキー場があるので、良く登られてきた山である。スキー場のゲレンデが県境稜線まで達しているので、僅かな登りで山頂まで到達でき、山登りとしては面白くない山である。冬でも簡単に山頂に立てるということで人気があったが、近年事故等がおきるためか、冬季はスキー場からは自由に登れなくなっている。

射能山は1260mの標高を持ち、緩やかな起伏の谷と尾根が複雑に入り組む地形が面白い、美しい山である。こんな山を登る気もなく登ったのだったが、登ってみてあらためてこの山の良さに気づかされた。また当初目指した笠岩は、翌年に登高した尾根の県境ピークの、ひとつ南のピークの西側斜面で、見つけることができた。

▼コースタイム〔スノーシュー〕
甲津原起又《おこしまた》林道出合（1時間30分）1006m（1時間10分）1210m（30分）射能山（45分）1210m（1時間）1006m（1時間）起又林道出合

▼アクセス　姉川の再奥集落甲津原まででバスはあるが、車利用での登山となる。甲津原集落に入る手前、東から合流する支谷に沿って、曲谷《まがたに》集落の寺谷と通じる起又林道があり、ここが登山口。このあたりから道路が広くなっており、路肩駐車できる。

▼アドバイス　起又林道の取り付きやすいところから登る。この付近では積雪量によっては藪が出ているかも知れない。尾根は悪いところもなく県境稜線へと出るが、天候が悪い時は県境稜線から射能山までは尾根が広く吹きさらしとなるので慎重に。

▼2.5万図　近江川合、美濃川上、美束、虎御前山

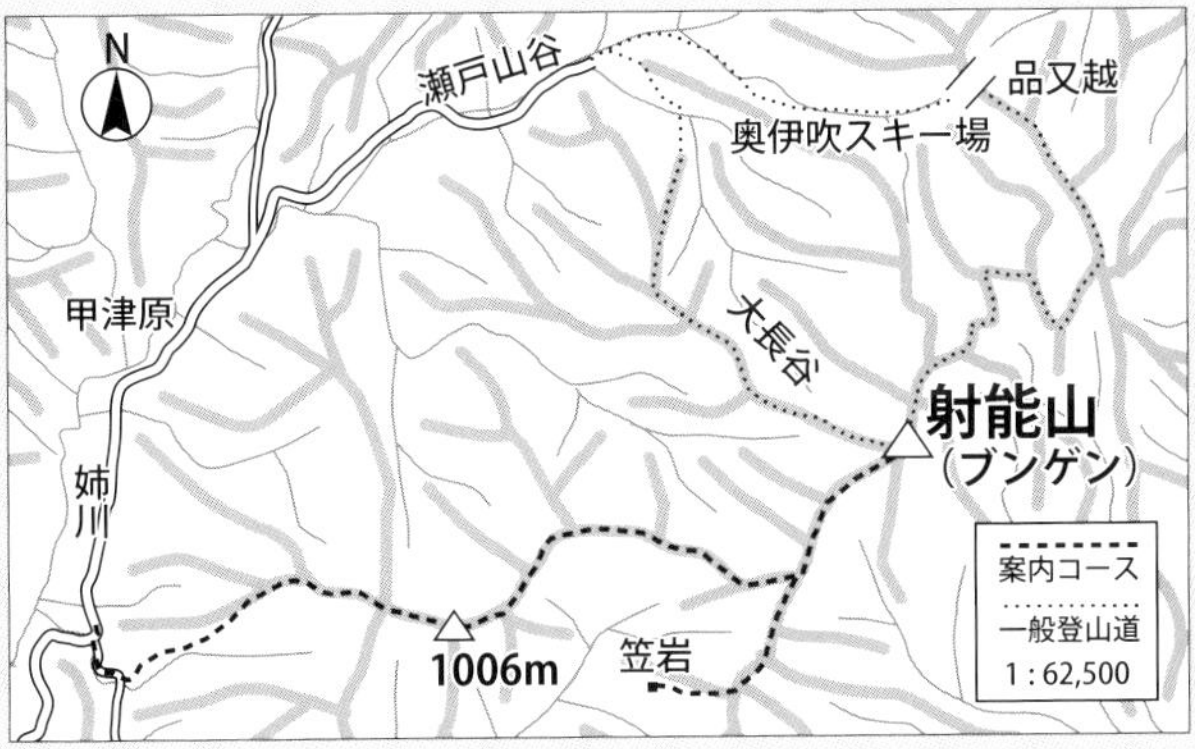

2

1射能山頂上からは大きな展望が望める。緩やかな斜面が広がる気持ちのいい頂上で、目の前に貝月山が見える。
2県境稜線を北へ向かうと、ゆったりと尾根が続く先に、射能山の頂上が小さく尖っていた。

滋賀県・岐阜県
射能山

3

1

4

5

6

3県境稜線へと向かう尾根の途中から見た金糞岳。白く美しい尾根を延ばしていた。
4△ 1006mを過ぎた付近から見る県境の山々。
5県境稜線に出てから南へ進んで、次のピークから滋賀県側へと少し下ると笠岩がある。二度目の探索で何とかこの笠岩を見つけることができた。(2014.02)
6笠岩から県境稜線に戻って、1006mへと下る尾根の1200mピークへと登り返す。(2014.02)

福井県

銀杏峰《げなんぽ》 △1440・6m

宝慶寺水車小屋↓銀杏峰↓志目木谷

2006・3・11

越前の山

銀杏峰は私の山スキー再生の山だった。革の登山靴とワイヤーのビンディングで始めた山スキーだったが、しばらく山スキーから離れている間に、用具はすっかりと変わってしまい、置いてきぼりをくっていた。

何とかもう一度山スキーをという思いが押さえられず、大枚をはたいて用具一式を揃えた。プラスチックブーツにワイヤーでないビンディング、そして接着剤による貼り付けシールと、すっかり装いも新たにして行ったのが銀杏峰だった。

この山行では何とかパーティについて行けたものの、翌日は疲れで体が上がらず、会社を休むという体たらく。長い間山スキーはご無沙汰で、用具の使い方もまったく違っていたからか、今まで一度も経験がないほどの疲れ方だった。確かにプラスチックブーツでの滑りは、革の登山靴などとはまったく違う快適さだったが、靴の硬さと高さは転倒しての立ち上がり時や、シール登高でのぎこちなさは、想像以上の疲れを呼んだようだった。

ところがもうこりごりかと思った山スキーは、これを機に更に入れ込むようになった。用具の革新もさることながら、スキーという雪山登山への古くて新しい力に、限りない楽しさを感じたからだろうか。そんな思いを持たせてくれたのも、この銀杏峰という山の魅力であったのだろう。

それから十年以上の時を経て、またスキーの用具を一新している。時が移り装備がいくら変わっても、山の魅力は不変だが、人間の老化は順調に進んでいる。いつまで冬の山と、相まみえることができるのだろうか。

●コース案内

福井の大野、勝山近辺の山は、雪山を求める関西の登山者にとっても身近な山となっている。荒島岳、経ヶ岳、取立山《とりたてやま》、そしてこの銀杏峰などは、関西や東海の山スキーヤーにもよく知られている。いずれの山も市街地から近いが、1500m前後の標高があり、比較的手軽に取り付けるのがいいところであり、名神、北陸と高速道路を使えば、関西・東海地方からも近づきやすい。

銀杏峰の1400m台の標高は山スキーにとってはちょうどいい高さではないだろうか。標高が高いと登りの距離もあり条件も厳しくなるが、適度に楽しめる山だといえよう。特にこの山は市街地からも近くて積雪量も多く、谷を滑り下るコースという、まさにスキーの山といってもいいのではないだろうか。銀杏峰から隣の部子山《へこさん》へと向かうパーティも多い。

▼コースタイム［スキー］

宝慶寺水車小屋（4時間10分）銀杏峰↓志目木谷滑降（2時間50分）水車小屋

▼アクセス　車利用での登山となる。北陸自動車道福井ICから国道158号で越前大野市へと入り、県道34号で宝慶寺《ほうきょうじ》へと向かい、宝慶寺手前にある水車小屋付近に駐車する。

▼アドバイス　林道から登り始め、しばらく登ってから尾根へと取り付いた。快適に登れる尾根だが、主稜上に出てから、雪の状態によっては通過しにくいところが一箇所ある。宝慶寺のいこいの森からの尾根も登高ルートとなる。志目木《しめき》谷は稜線から谷に向かって滑るが上部は傾斜が強い。最後は流れを渡って林道へと出て、水車小屋へと戻る。

ほかに隣の小葉《こば》谷もよく滑降ルートにとられているようだ。スノーシュー・ワカンでは水車小屋からの尾根やいこいの森からの尾根の名松《めいしょう》新道コースなどがルートとなる。

▼2.5万図　宝慶寺

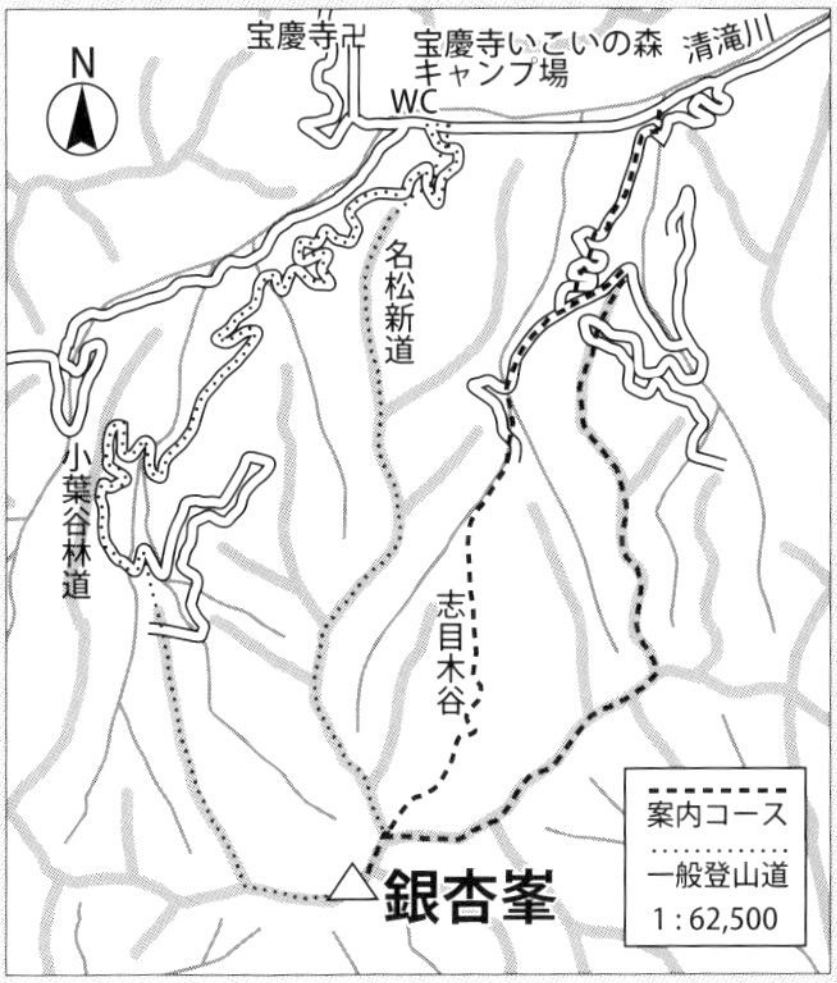

1

2

福井県
銀杏峰

3

4

5

1 水車小屋から長い尾根を登り、やっと銀杏峰がすぐ近くに見えるところまできた。
2 真っ白の銀杏峰の平頂峰が大きい。すぐ目の前のピークをトラバース通過する時はスキーを脱いで通過。
3 水車小屋の尾根から主稜線に出ると、樹林もなくなり広く白い稜線が続いていた。
4 広大な急斜面が広がる志目木谷。長い登りから解き放たれたが、苦手な急斜面の滑降に緊張する。
5 遅れをとらないように後を追った。長い登りだったが、滑ればあっという間、楽しい山だった。

岐阜県
福井県

薙刀山《なぎなたやま》 △1647・2m

石徹白上在地↓和田山牧場跡↓薙刀山往復

2011・3・13

雪の石徹白の山から思ったこと

石徹白《いとしろ》の薙刀山から帰ってきて、ずっとあの風景を思い浮かべていた。和田山牧場跡から見る野《の》伏岳《ぶせだけ》と薙刀山の姿である。何度登ってもあきることがない。そんな石徹白の山、薙刀山はここ数年の間で三度も登った愛おしい山である。

　私はどちらかといえば野伏より薙刀派だ。和田山牧場跡から正面に野伏の見事な三角錐が立ち上がっているが、その奥にゆるやかな広がりの上に小さなピークを突き出す、薙刀山にシンパシーを感じている。

　推高谷《しったかだに》の源流を横断してから台地上へ上がると、あとは薙刀の頂上を見上げながらゆったりと延び上がる斜面を詰め上げる。頂上に立って目にする大展望をじりじりとした気持ちで思い浮かべながら、雪原の広がりの中でひたすらスキーを前へ前へと滑らせる、あのつらい最後のがんばりの時間《とき》が、山に登る楽しみ、苦しみをひとまとめにして表現しているように思える。

　苦の中に悦びを見出すような、ストイックな精神は持ち合わせていないと思っているのだが、登山の悦びの根源は、やはり苦しみの末の上に得られるばねのような反発の快楽で、この麻薬的効果によって多くの中毒患者を生み出しているのであろう。山が高ければ高いほど、厳しければ厳しいほど、中毒性が強くなるようだ。

　しかも始末が悪いことに、登山性中毒には肉体的な面だけでなく、地理、歴史から宗教、民俗、生物、文学、芸術などなど、人間が生きていく上での必要な思考活動をも包含する、さらに厄介な中毒性の病巣をかかえていることである。

●コース案内

石徹白の野伏岳、薙刀山は、以前はスキーでの登山者ばかりであった。この山はやはりスキーの方が向いていると思うが、最近はスノーシューの登山者の割合がかなり増えている。

白山中居《ちゅうきょ》神社から和田山牧場跡までは林道が上がっているが、距離が長くなるのでショートカットして効率よく登って行く。和田山牧場跡は広大な雪原で、野伏岳が正面に立ち、石徹白を囲む山々の眺望が望める、すばらしい環境の台地だ。ここにテントを張って往復する人も多い。

薙刀山まではここから3時間ほどかかったが、雄大なスケールを持つルートで、この風景が薙刀山へと向かわせる。下りの滑降は、私のようなスキーが下手糞な者でも楽しいところで、上在所まで快適に滑って下れる。

▼コースタイム〔スキー〕　石徹白上在地白山中居神社（1時間30分）和田山牧場跡（3時間15分）薙刀山（1時間15分）和田山牧場跡（1時間）石徹白上在地白山中居神社

▼アクセス　車利用での登山となり、東海北陸自動車道高鷲《たかす》または白鳥《しろとり》ICで下り、前谷から桧峠越えで石徹白上在地《かみざいち》へ。白山中居神社に駐車。

▼アドバイス　和田山牧場跡から野伏岳の裾を回り込んで、推高谷源流を横断してから稜線へと上がるか、あるいは稜線の広々とした東側斜面を登るかのどちらかを登山ルートにとる。危険箇所はないが、1600m以上の標高があるので日帰りでは距離が長く、気象条件には十分な注意を。

▼2.5万図　石徹白、下山、二ノ峰、願教寺山

1

2

1 蕪刀山山頂で野伏岳を背に登ってきた後続の友を迎えるが、こんな好天では誰もが笑顔また笑顔だ。山頂からの360度の眺望が素晴らしく、言葉もなくじっと眺めた。

2 蕪刀山からの滑降は、広大な斜面が広がる稜線の東側を滑った。この斜面が蕪刀山の魅力だ。

岐阜県・福井県

蕪刀山

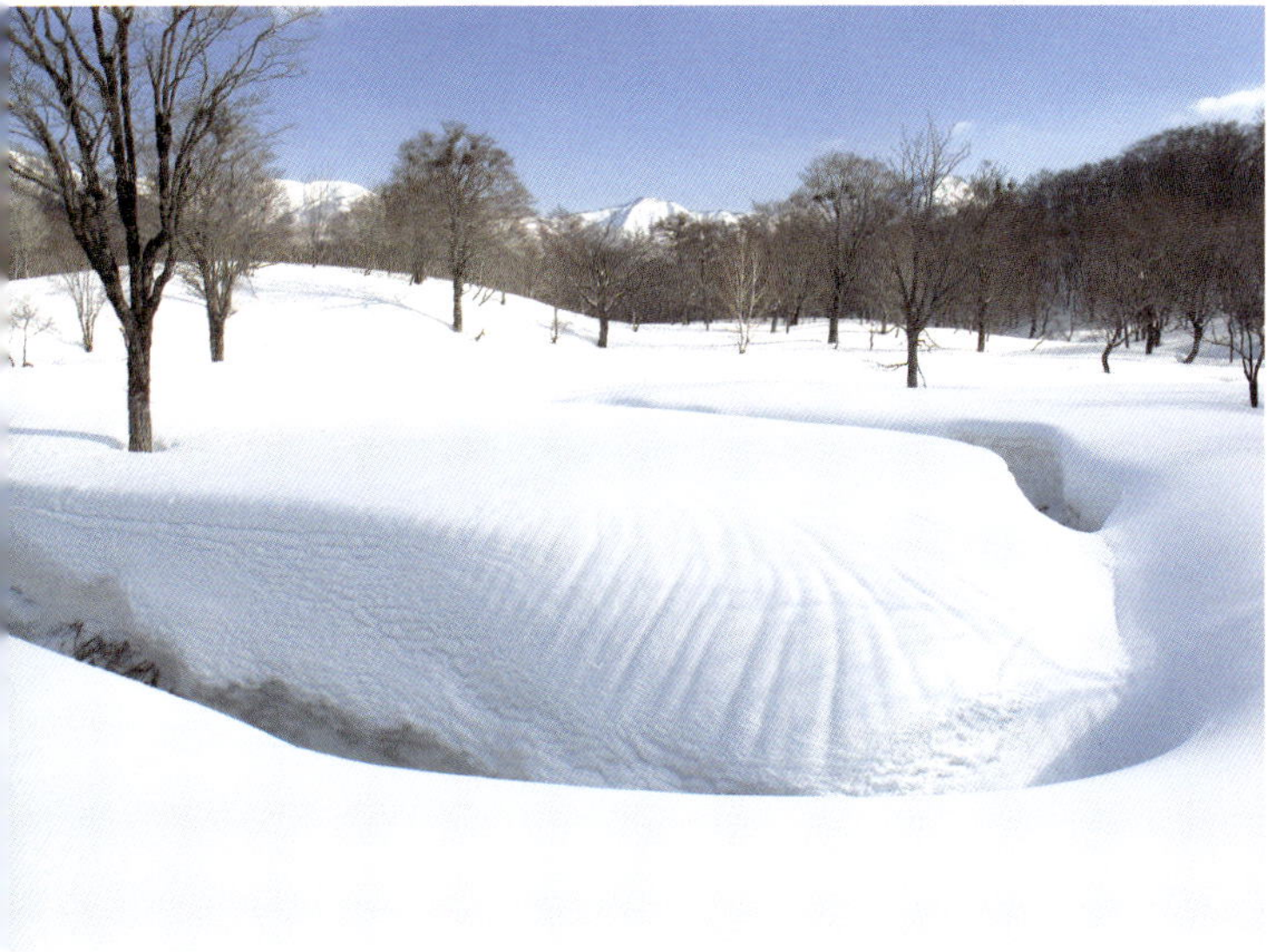

3

4

5

3野伏岳、薙刀山という山に行きたくなるのは、この牧場跡の和田山の原があるからだろう。原からの周囲の山々の眺めは格別だ。
4和田山牧場跡から眺める石徹白川源流の山。
5和田山牧場跡から見た野伏岳。ピラミダルな山容が登高意欲をそそる。

富山県

猿ヶ山《さるがやま》 △1447・9m

小瀬↓猿ヶ山西尾根往復

2010・3・22

情報を得るということ

猿ヶ山という山を何で知ったのだろうか。スキーのできる山としてインターネットで検索して知ったのだと思うのだが、あまり先行知識もなく、スキーではここから取り付くという程度のことしか調べずに、山へと向かったのだった。

スキー登山の場合、できるだけ不安を避ける意味でも、いつもネットなどで情報を得て、だいたいどんな山かというイメージを持って山へと向かう。ところがこの猿ヶ山では、どんな山というイメージも詳しく調べる事もなく、持つこともなく来てしまった。ほとんど二・五万図から想像するだけだったが、登り終えてみると想像以上にスケールの大きい山で、素晴らしい雪山でのスキーを楽しむことができた。

あまり情報を得ていなかった分、感動も大きかったのかも知れない。詳しい情報を得てしまうと、感動の容量も小さくなって、山の面白味が失われてしまうのだろう。

ネットなどで山スキーのことを調べると、たいがいの場合は、スキーを滑る面白さということが書かれているが、私の場合は、そんなことよりもどんな風景が開けるのかということが、雪の山への悦びを呼び起こしてくれる。

猿ヶ山では林道から尾根へと取り付いて、送電線が横切るあたりの細い急傾斜の尾根で、前日に降った湿った雪のラッセルに苦しめられたが、それを抜けてゆったりと広がる斜面に出ると、猿ヶ山はこんな美しい山なのかと思った。天候に恵まれ、誰に出会うこともなく、私たち二人だけで登って滑り下りた山。感動の山だった。

●コース案内

富山県の山であり、日帰りの雪山では関西圏からは限界点に近い山という認識でいる。日帰りといっても、家を3時、4時という早朝出発と、前夜のうちに出発する前夜発日帰りがある。車での登山の場合は片道3時間半くらいまでが早朝発の範囲と考える。私の住む滋賀県南部からでは東海北陸自動車道沿線の山は、ほぼ前夜発日帰りでの山行となっている。その中でも猿ヶ山は最遠の山といえるだろうか。前夜発といっても登山を終えてすぐ車で帰らなければならないので、この辺りが限度となる。

御母衣《みほろ》ダムから白川郷、五箇山《ごかやま》あたりまでの国道156号沿線には多くのすばらしい雪山が待っている。猿ヶ山はほとんど予備知識を持たずに登ったが、何とか手が届いた山だった。二人でのラッセルで雪が思った以上に重く、山頂まで6時間近くもかかっている。天気が悪ければ引き返したと思うが、お天気に助けられた。コースとしては難しい箇所はなく、1200mから上部の稜線は美しく、標高以上のスケールを感じさせられた山だった。天候に恵まれれば最高の雪山が楽しめる。また山とは関係がないが、猿という動物の名を持つ山名にも魅かれている。

▼コースタイム〔スキー〕
小瀬（5時間45分）猿ヶ山（2時間）小瀬

▼アクセス　車利用での登山となる。東海北陸自動車道白川郷ICから国道156号を北上し、越中五箇山の菅沼から小瀬へ。ここが登山口となり路肩に駐車。

▼アドバイス　林道西谷線を登って適当なところから尾根へと取り付く。尾根は急登となる箇所もあるが、問題となるようなところはなく、標高1200m付近から広く緩やかな尾根が頂上まで続く。視界が悪い時はこの広い尾根の下りは要注意。

▼2.5万図　下梨

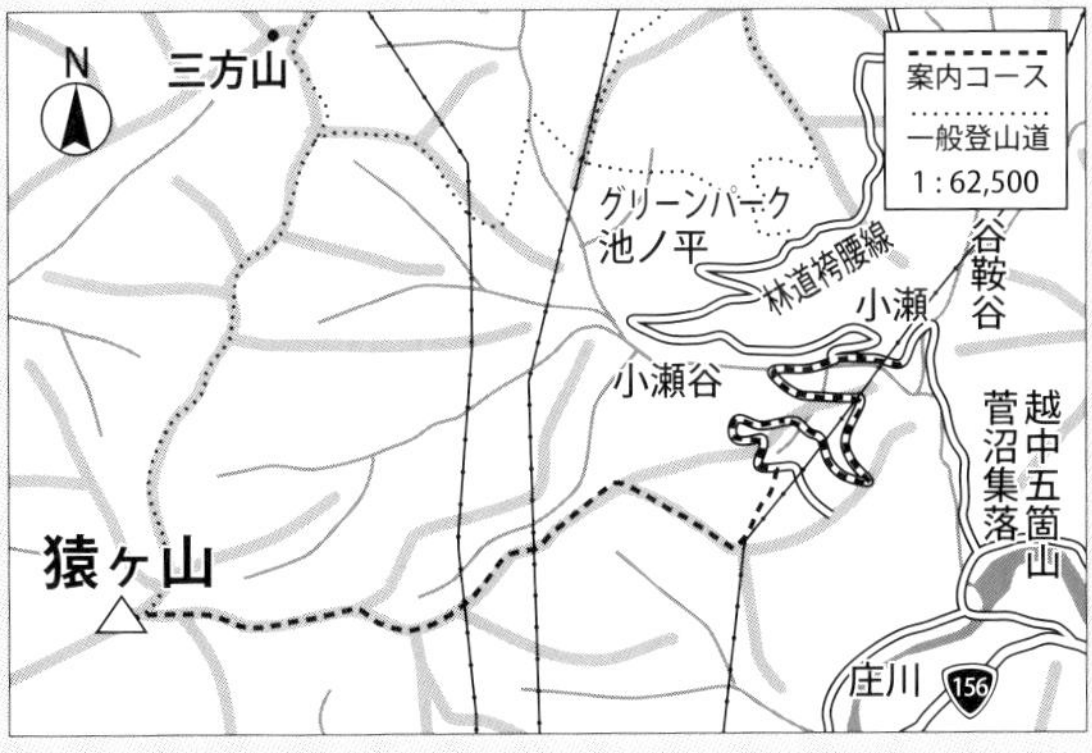

1

1東尾根は 1200m 付近から緩やかで広い斜面となる。滑降が楽しみな斜面だ。
2鉄塔が横断する尾根の中間部は、急で狭い尾根が続く。前日の湿った雪のラッセルに苦しめられた。
3頂上下の少し急だが広々としたブナ林の下り。スキーの下手な我々にとっては、雪は重くてあまり快適ではなかった。

2

3

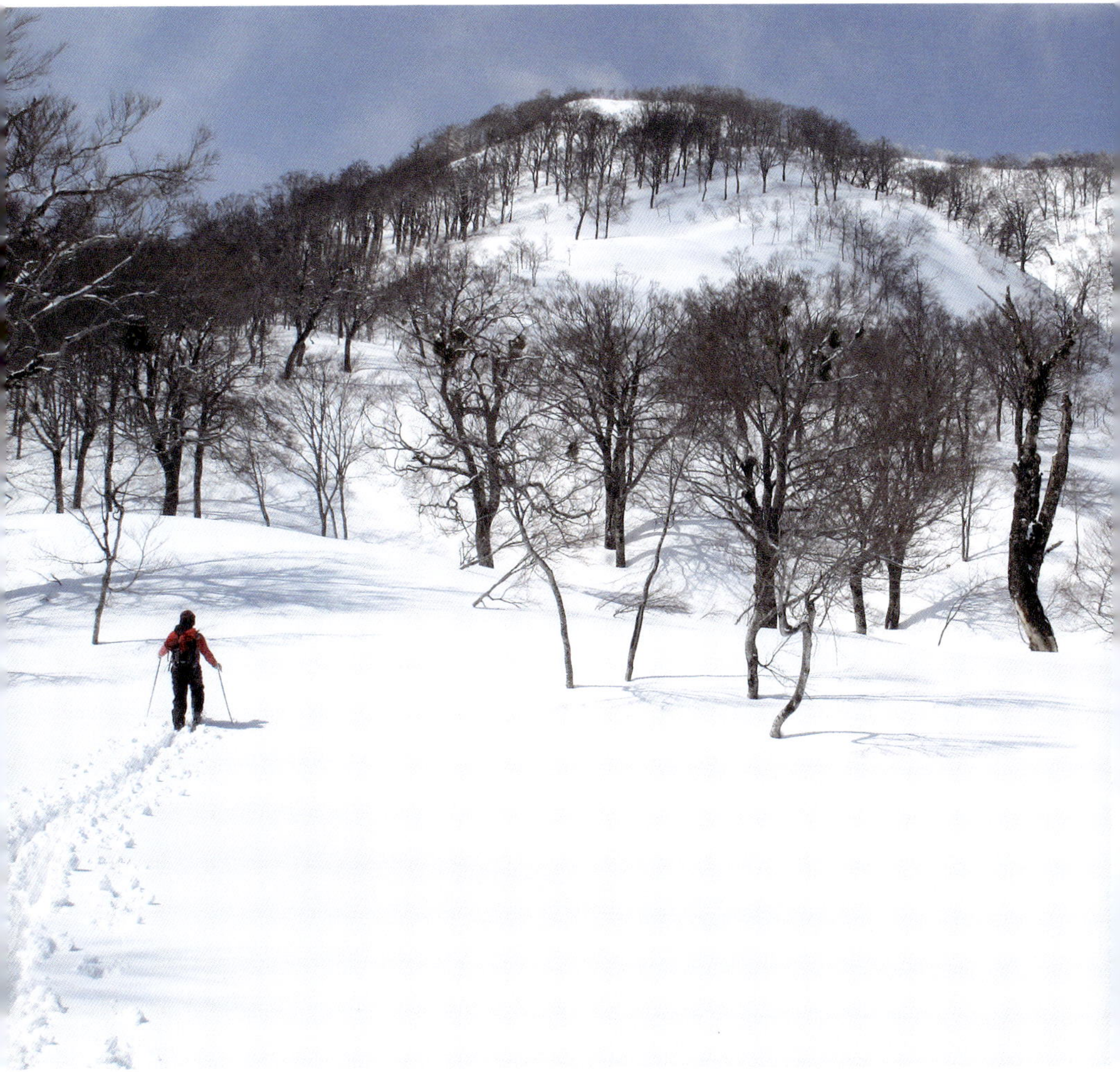

4

5

4頂上直下の斜面を望みながらの登り。今日この尾根を登っているのは私たち二人だけだった。

5猿ヶ山山頂から見る白山山系主稜線の大笠、笈《おいづる》あたりの眺望。快晴の下、広い頂上からの全方位のほれぼれするような展望だった。

福井県

経ケ岳《きょうがたけ》 △1625・2m

宿谷川↓経ヶ岳往復

2005・3・27

雪山の魅力、スキーの楽しさ

雪山の素晴らしさ、スキーの楽しさを思い知らせてくれた山だった。

下手ながらも細々と山スキーを続けて、いくつもの山を登ってきたが、この宿谷川《しゅくたにがわ》からの経ヶ岳は最高の雪山だった。何よりも経ヶ岳という山の地形の素晴らしさだろうか。谷から尾根、そして火口原となる広々とした窪地、この山ならではのものであろう。このコースはもちろんスノーシューでの登山でもいいが、スキーの持ち味を存分に発揮できるコースであった。

四季を通じて奥越の山を訪れるが、雪山の魅力イコール山スキーの楽しさを、一番強く感じた山であった。最近はスノーシューを楽しむことが多いが、スノーシューでの登山となると経ヶ岳の標高は高すぎる。スキーは雪質にあわせて楽しむことができるが、スノーシューは柔らかい雪の山を楽しむためのものだ。風当たりの少ない樹林帯を登り、下りするには有効な道具である。経ヶ岳くらいの高度の山となると、稜線は風当たりも強くクラストするので、スノーシューならアイゼンという、また別の道具が必要となってくる。

その点、スキーはもっと雪に対する有用度が高い。宿谷川にかかるスノーブリッジ、重く深く潜る樹林帯の中でのラッセル、稜線でのクラスト斜面と、雪の形は千変万化する。ガチガチの雪、ぐさぐさの雪、適度にゆるんだザラメ雪、スキーを使う私の方には、すぐに対応する力がないが、そんな雪質に何とか合わせて行こうとするのが、スキーの面白さというもので、下手には下手なりの楽しさが生まれてくるのである。

●コース案内

経ヶ岳は無雪期の一般登山道としては、保月《ほづき》山からの尾根コース、唐谷からの谷コースがある。雪山の場合は宿谷川からのルートが楽しい。このコースの良さは、谷から尾根へと移り変わる風景の変化にある。

宿谷川を登り詰めて行くと広い源流状のブナ林が開ける。緩やかな斜面なので、下りではスキーならではの、楽しい滑降が待っている。そしてここを登り詰めると杓子岳の広い斜面に出て、左からくる保月山からの尾根に合流する。真っ白の雄大な尾根の斜面となり、この大きさに感動する。尾根を進み、経ヶ岳を見上げると、右下に池の大沢が一気に落ち込んでいる。この窪地に滑り込むのもスキーの楽しさだ。どこを切り取っても経ヶ岳は魅力満載の山である。

▼コースタイム〔スキー〕　コースタイムは記録していないが、8時間以上かかっている。

▼アクセス　車利用の登山となる。北陸自動車道福井ICから国道158号、県道26号で南六呂師《ろくろし》の青少年自然の家駐車場へ。

▼アドバイス　宿谷川の流れが開いていて、板を脱いで渡るところがあった。谷は季節や雪の状態で変わってくる。谷の源流部は自然林の気持ちのいい斜面が広がるが、左の稜線に押しかぶさるように雪庇が連なり、何とも圧迫感がある。気温の高い時は注意したい。稜線は広い大展望の雪稜で、雪質によってはクラストしてスキーアイゼンが必要となる斜面も。下りは頂上直下の池の大沢に下りて昼食とするパーティが多い。池の大沢からは斜面をトラバースして杓子岳へと戻る。

▼2.5万図　越前勝山

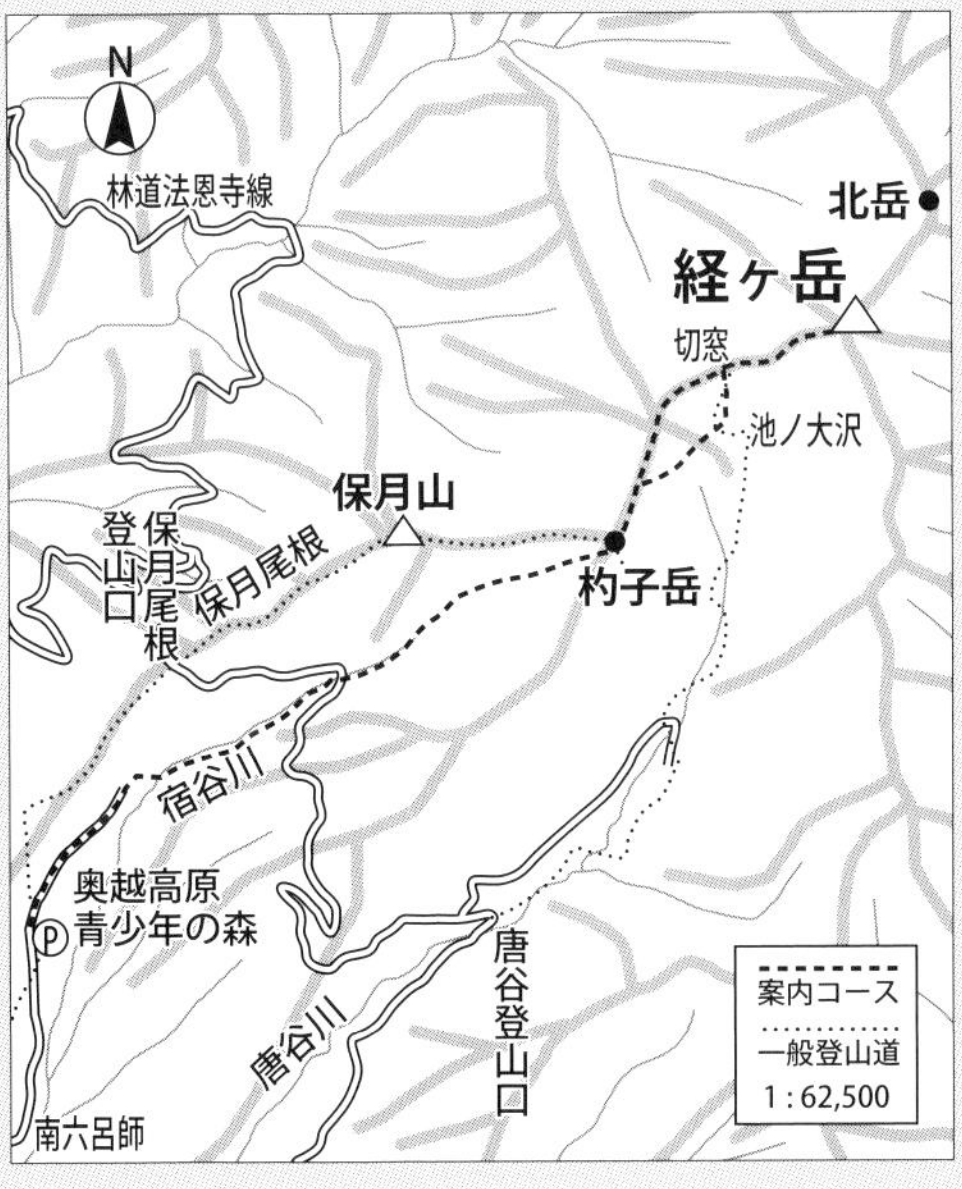

3

2

福井県
経ヶ岳

1宿谷川から杓子岳に上がって経ヶ岳を目指す。天気良し、ルート良しの最高のスキーツアーとなった。

21の場所から振り返ると、切れ落ちた岩の急斜面を持つ保月山と越前の平野が広がっていた。平野部から近い山だけに高度感抜群だった。

4

1

5

6

3中岳を横切って切窓から登ると山頂に着く。直下に火口原の池の大沢が広がり、360度の展望が開けるスケール大きい山だ。

4山頂部は広大で眼前に赤兎山、大長山からひときわ白い白山を望む。

5滑降コースを切窓から池の大沢へ滑り降りることによって、素晴らしいコースにさらにひと味加わる変化をつけてくれた。

6池の大沢から尾根へと戻る斜面で、こんな美しい斜面と出合った。

滋賀県

三重嶽《さんじょうだけ》 △973・9m

石田川ダム↓南尾根↓三重嶽↓太尾↓石田川ダム

2015・3・27

雪山登山と道具考

雪山登山ではさまざまな装備に気を使う。手袋ひとつにしても、自分にとって使いやすいものとなると限られてくる。身につけるものだけでも、下着からミッドシェル、アウター、ウインドヤッケ、帽子、オーバーズボン、スパッツ、登山靴からサングラスまで、それぞれにこだわりを持つようになってくる。さらにはスノーシューやストック、カメラ、ハンディGPSなどと上げていくと、使う装備というのは数多い。まだまだ装備アイテムは無数にあるが、どの道具も山に行き続けて試行錯誤してきたものばかりだ。

ここ十年ばかりの雪山登山で大きい変革といえば、スノーシューとGPSの使用だろうか。ワカンからスノーシューになって行動力がアップし、地図とGPSを併用することによって、心の安心を得られるようになった。

登山という遊びには、やはり何と言っても健康な身体というハード面と、知識、情報など、山へのモチベーションを持ち続けるためのソフト面が最も重要だということは言うまでもない。しかし、スタッドレスの車、スノーシュー、GPSや、軽くて動きやすくなった装備などの発達によって、ここに上げた三重嶽など、昔は真冬に私のような老登山者が、一人で日帰りで登ることなど考えられなかったが、充分選択肢に入るようになった。

以前はかなりハードルが高かった三重嶽も、今はこうした現代の機能に支えられて、奥行きも高さも感覚としてはかなり減じたとも言えるのだが、山そのものは変わらない。雪の季節にはさらなる魅力を増して迫ってくる。

●コース案内

昔は登山道などなかった山だったが、現在では主稜に高島トレイルがあり、河内谷からの能登又谷左岸側の道や、河内谷右岸の石田川本流まで続く大きな尾根の長尾に道がついている。しかし積雪期はどこからも近づきがたく、武奈ヶ嶽の北に出る、石田川ダムのワサ谷出合から登る尾根がルートとなるが、雪がまだ締まらない季節では、稜線に出てからが長い。そこで最短ルートとして目をつけたのが、八王子谷出合から登る南尾根で、新雪期でも何とか頂上まで登ることができた。ダムからの林道歩きも30分あまりなので、取り付きの急登を登ることができれば、あとは問題はない。雪の状態がよければ主稜を進んで、武奈ヶ嶽の北からワサ谷出合へと尾根を下れば周回コースができる。

▼コースタイム〔スノーシュー〕
石田川ダム（35分）南尾根取り付き（2時間15分）三重嶽（1時間30分）812m（40分）ワサ谷林道（20分）石田川ダム

▼アクセス　JR湖西線近江今津駅から小浜駅行きJRバスがあるが、国道から取り付きの石田川ダムまではかなり距離があるので、車利用が便利。車では国道303号の角川から、角川《つのかわ》林道を進んで石田川ダムへ。冬季でもダムまでは除雪されている。

▼アドバイス
林道から南尾根の取り付きは、八王子谷出合左岸側の急斜面を登る。雪が深い時期は厳しい登りとなる。この斜面を登りきれば問題となるようなところはないが、山頂部は緩やかな地形が広がっているので、視界の悪い日には注意したい。また山稜部は低灌木帯なので、冬型の日はかなり風当たりが強い。天候には充分に配慮して取り付きたい。

▼2.5万図　熊川

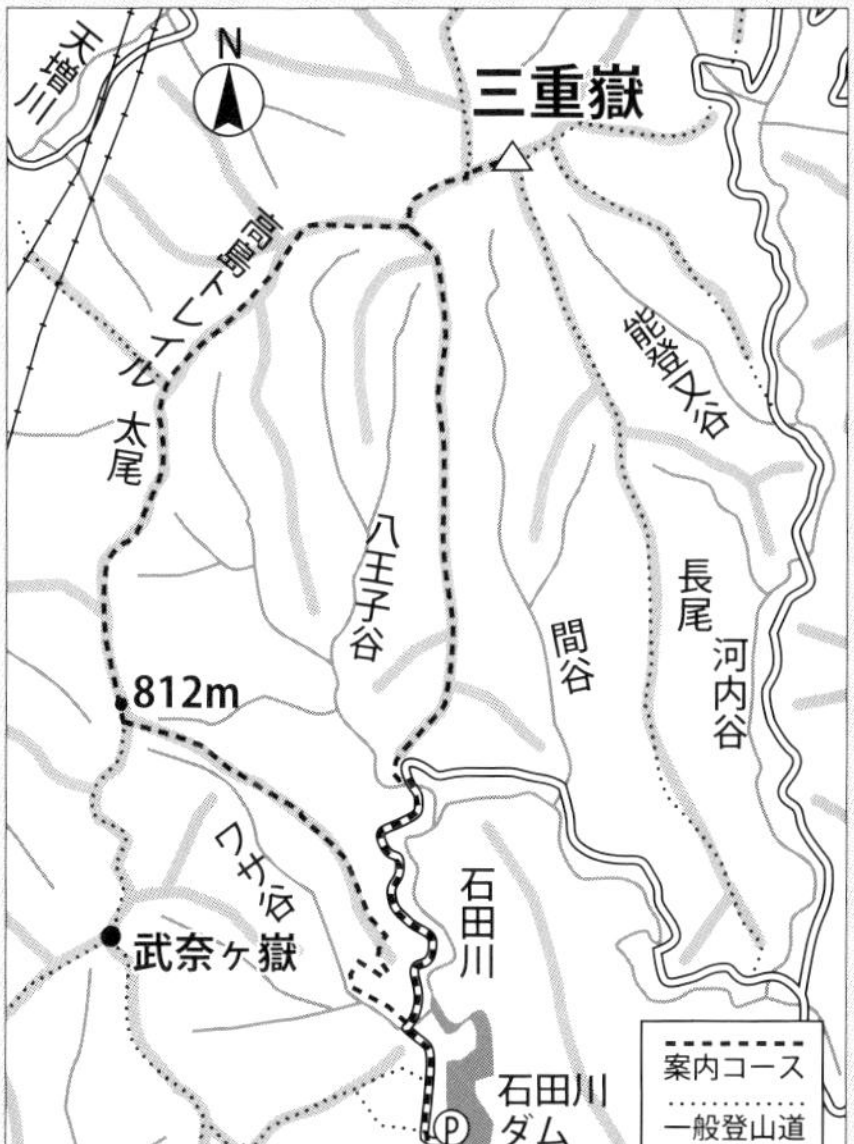

1

2

3

1山頂付近は大きな木もなく、緩やかな尾根が続いており、1000m以下の山とはとても思えない、スケールを感じさせる。そして山頂からの展望は素晴らしく、北山、比良から湖北、白山、北アルプスに至るまで、雄大な眺望が広がっている。ルートと時期を選べばスキーでの登山も楽しい山となるだろう。

2南尾根の取り付きはかなりの急登なので、雪が落ち着いた3月初旬頃が適期となる。

3山頂付近の広やかな稜線。緩やかな地形だけに、悪天候の時には、風とともに読図にも苦労させられそうだ。

5

4

6

7

4南尾根は数本のブナの巨樹が見られた。このブナはその中でも最も大きなもの。周囲3mほどはあるだろうか。

5 山頂への登りの途中から、三十三間山方向を見る。この時期の積雪は三重嶽よりかなり少ないように見受けられた。恐らく稜線も地肌が出ているのではないだろうか。

6三重嶽山頂からの琵琶湖の眺め。湖上は完全に春の光、柔らかな空気に包まれていた。

7武奈ヶ嶽に近づいてから三重嶽を振り返った。やはりどう見ても1000m以下の山とは思えない、容量を持った山だということを実感する。

滋賀県

安蔵山《あんぞうやま》 △900・1m

田戸→安蔵山南尾根→安蔵山→東尾根往復

2010・3・28

早春のブナ林

高時川の菅並以奥は、旧小原集落手前の雪がなかなか融けず、例年3月末になるまで車は入れない。安蔵山へと入ったのもこの車道の雪が融けた三月末だった。

奥川並への林道の取り付きから登り始めて、しばらくは雪もなかった。やがて雪が現れて雪を踏んで歩くようになったが、ミスミソウやマンサクがもう花をつけており春の気分だった。うれしいような寂しいような、複雑な気持だ。

締まった雪に対してはスノーシューは無力で、下りになると雪の上を滑って困った。ツボ足の方がよさそうだが、重たいものを背負うのもいやだ。危険なところもないので、何とかなだめながら進み山頂へ。山頂で昼をとってさらに尾根を谷山に向かうと、見事なブナの巨木林へと入った。

この安蔵《あんぞう》山にこんなにも立派なブナの森が残っているとは思わなかった。もっと奥、県境の源流部一帯は伐採後何年くらいなるのか知らないが、まだほとんど大きな木がなく、雪の時期に歩くと本当に丸坊主のような状態だが、この尾根の安蔵山と谷山の間にこんなにも素晴らしいブナ林があるのには驚かされた。最も太いブナは周囲4m以上はあるだろうか。それも平坦地にあるので、素直にまっすぐ伸びた美しい樹形である。

ブナの森の春、ついひと月前の凍りつくような稜線と何と違うことだろうか。森の明るさと暖かさが心の中にも反映し、うきうきした気分で、大きなブナを求めて歩いたり、まだ白く雪を残した上谷山を眺めたりと、あっちへうろうろ、こっちへうろうろ。春の森の温もりを大いに楽しんだ。

●コース案内

余呉《よご》の奥、高時川に沿う山ひだのわずかな平地に、点々と集落が続いていた。小原、田戸《たど》、奥川並《おくこうなみ》、鷲見《わしみ》、尾羽梨《おばなし》、針川、半明《はんみょう》といった集落で、一九七〇年ころに廃村となっている。ちょうど私が山登りを始めたころである。昔行ったころはまだ家も残っていたが、ものすごい奥山というイメージが残っていた。

そんな奥深い山だが、山々深く林道が刻まれ、ブナやトチの自然林のほとんどは伐採されている。奥川並から奥の山々もほぼ皆伐されてしまっているが、この安蔵山から東へと延びる尾根の一部分にブナ林が残されている。抱きかかえている写真のブナは見渡した中の最も大きなもので、周囲4mくらいあると思われる。

上谷山、左千方、横山岳といった余呉奥山のビッグピークに囲み込まれたところで、この自然林の中にいると奥深い山にいるという思いが伝わってくるところである。

▼コースタイム〔スノーシュー〕　田戸（3時間10分）安蔵山（40分）安蔵山ブナの森800m地点（50分）安蔵山（1時間40分）田戸

▼アクセス　車利用の登山となる。登山口となる田戸は現在無住の地で、除雪されないので雪解けを待ってからしか入れない。積雪にもよるが、3月下旬くらいにならないと入れないだろう。北陸自動車道木之本ICから国道365号を北上、中之郷で県道284号へ入って菅並から北海道トンネルを抜け田戸へ。

▼アドバイス　奥川並林道からの取り付き地点が分かりにくい。奥川並川に沿った林道が、安蔵山南尾根の末端をほぼ半周したところで、アルミのハシゴと出合う。ここが南尾根の登り口となる。尾根上までは急登が続く。尾根には無雪期にも道があり、安蔵山まで続いている。ブナ林が見られるところは、安蔵山から谷山、左千方へと続く東尾根にあり、山頂から一時間たらず。

▼2.5万図　中河内

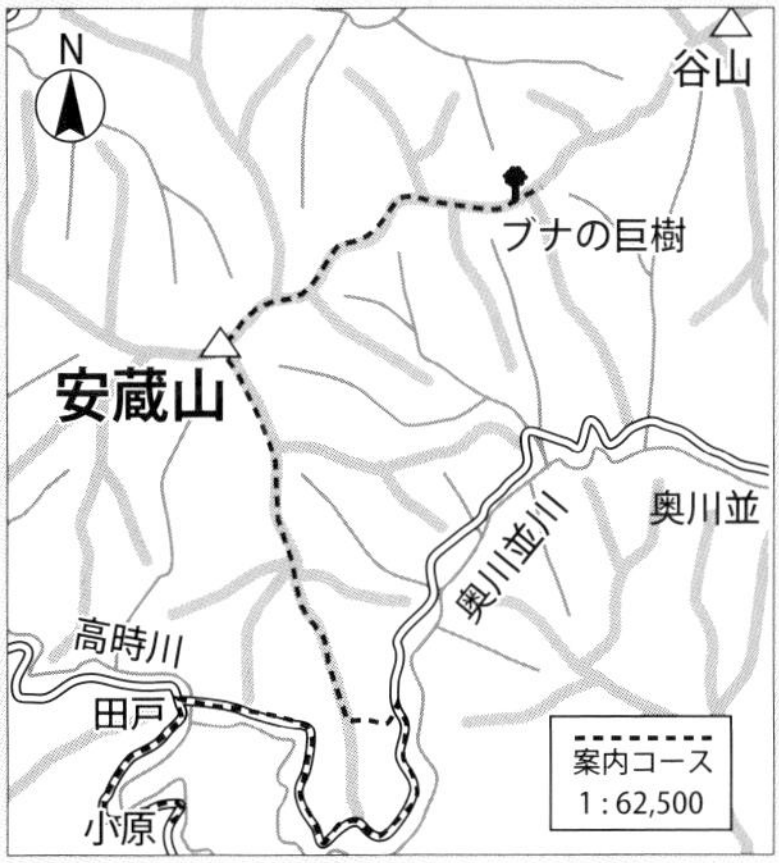

2

3

4

1安蔵山から谷山への稜線は素晴らしいブナ林が続いている。中でもこのブナはひときわ大きく、伸びやかに直立した見事なブナだった。幹周 4m くらいはあるだろうか。
2ブナの疎林は快適だったが、堅く締まった雪の急斜面では、スノーシューが滑って歩きづらかった。
3安蔵山から谷山への稜線からから見た上谷山は、3月末だがまだまだ白かった。
4安蔵山への登りではマンサクが咲き、春の訪れを感じさせ、足元にはミスミソウの白い花が咲いていた。

兵庫県
鳥取県

氷ノ山《ひょうのせん》

△1509・8m

坂ノ谷↓三ノ丸↓氷ノ山往復

2009・3・29

霧氷のブナ林を行く

中国山地の山はアプローチに時間がかかるのでなかなか足が向かないが、氷ノ山、鉢伏山、蘇武岳などの兵庫県西部の山は、何度か登っている。特に氷ノ山はスケールが大きく雪も豊富にあるいい山である。以前にスキーで氷ノ山から県境稜線を戸倉峠まで下ったが、雄大なコースだった。

そんないい思い出があるので、この県境稜線の東の坂ノ谷コースにそんな想いを重ねていた。ブナ林とゆったりと広がる雄大な尾根、自分好みの山である。

三月末、積雪も減ってもうスキーも無理かと思っていたが、直前に雪が降ってくれた。取り付きの坂ノ谷林道から雪が続いていた。林道終点から広々とした尾根へと入ると、大きなブナが出てくる。ササが顔を出しているが、直前に降った雪に埋められ邪魔になるものではなかった。三ノ丸まで緩やかで広い尾根がゆったりと延びている。避難小屋のある三ノ丸まで登ると、山頂まで美しい稜線が続き、ブナは霧氷に飾られていた。スキーは無理かと思っていたこの幸運に、感謝しながら山頂まで登った。

山頂まで誰にも会わなかったのに、山頂には多くのスキーヤーがいた。皆どこから登ってきているのだろうか。三ノ丸へと下るのも私たちだけだった。だだっ広い斜面を下り、ここまで苦労して登ってきたのに三ノ丸へと戻るのもあっという間。スキーは素晴らしい道具だが、この二本の板を扱うことは難しい。上手い人も私のように下手糞な者も、林道まで下ってスキーを脱ぐ時に湧き上がる充実感、これは共通のものであろう。

●コース案内

標高は1500mあまりだが、容量が大きく雄大なスケールの山である。坂ノ谷コースはそんなスケールを楽しむことができたコースであった。滑りを求めるスキーでは物足りないかも知れないが、この斜面の大きさとブナ林の美しさは、この山ならではの良さで、なかなか味わえない山登りとなった。また、氷ノ山というこの山名にも魅かれている。三月末というのに新雪に覆われ、木々を飾る霧氷の花の美しさもこの山らしかった。山頂には多くの山スキーヤーがいたので、一般的な雪山ルートは他からのルートになるのだろうが、私はこの大きさが気に入った。

▼コースタイム〔スキー〕

やまめ茶屋（2時間）坂ノ谷コース分岐（2時間15分）三ノ丸（1時間10分）氷ノ山（1時間）三ノ丸（1時間50分）やまめ茶屋

▼アクセス　車利用の登山となる。中国自動車道山崎ICから国道29号を北上。鳥取、兵庫の県境となる新戸倉トンネル手前で坂ノ谷林道に入って、ヤマメ茶屋付近に駐車。

▼アドバイス　坂ノ谷林道は長いので、林道の地肌が出ていると、このコースは厳しい。三ノ丸からの下りは広大な雪面で、尾根がいくつにも分岐しているので、視界の悪い時は注意深く下りたい。三ノ丸から上部は樹林帯もあるが雪面が広がる斜面も多く、天候を選んで取り付きたいコースだ。坂ノ谷コースはスキーならではのコース。スノーシューなら別のコースを選ぶ方がいいだろう。

▼2.5万図　氷ノ山、戸倉峠

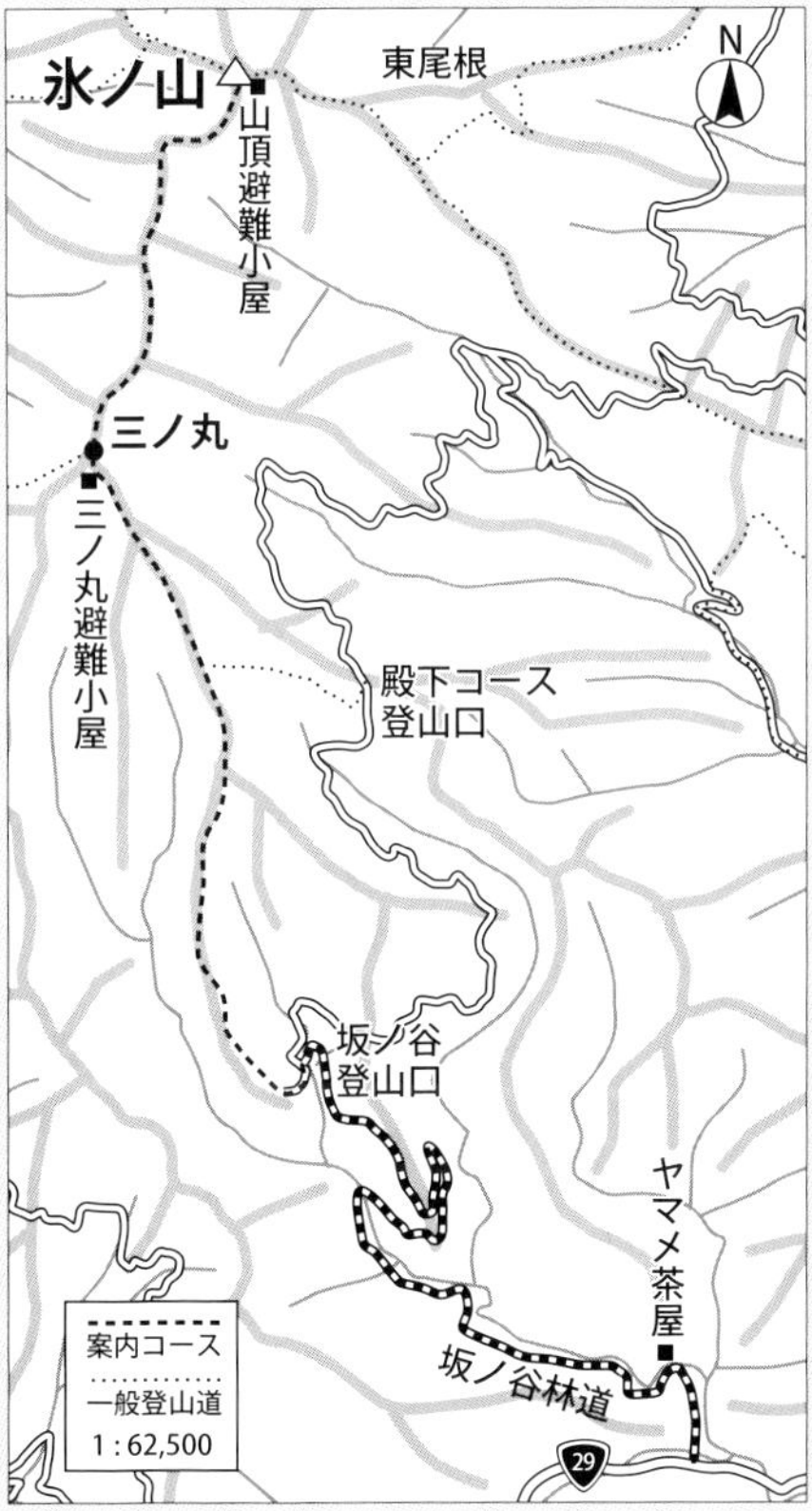

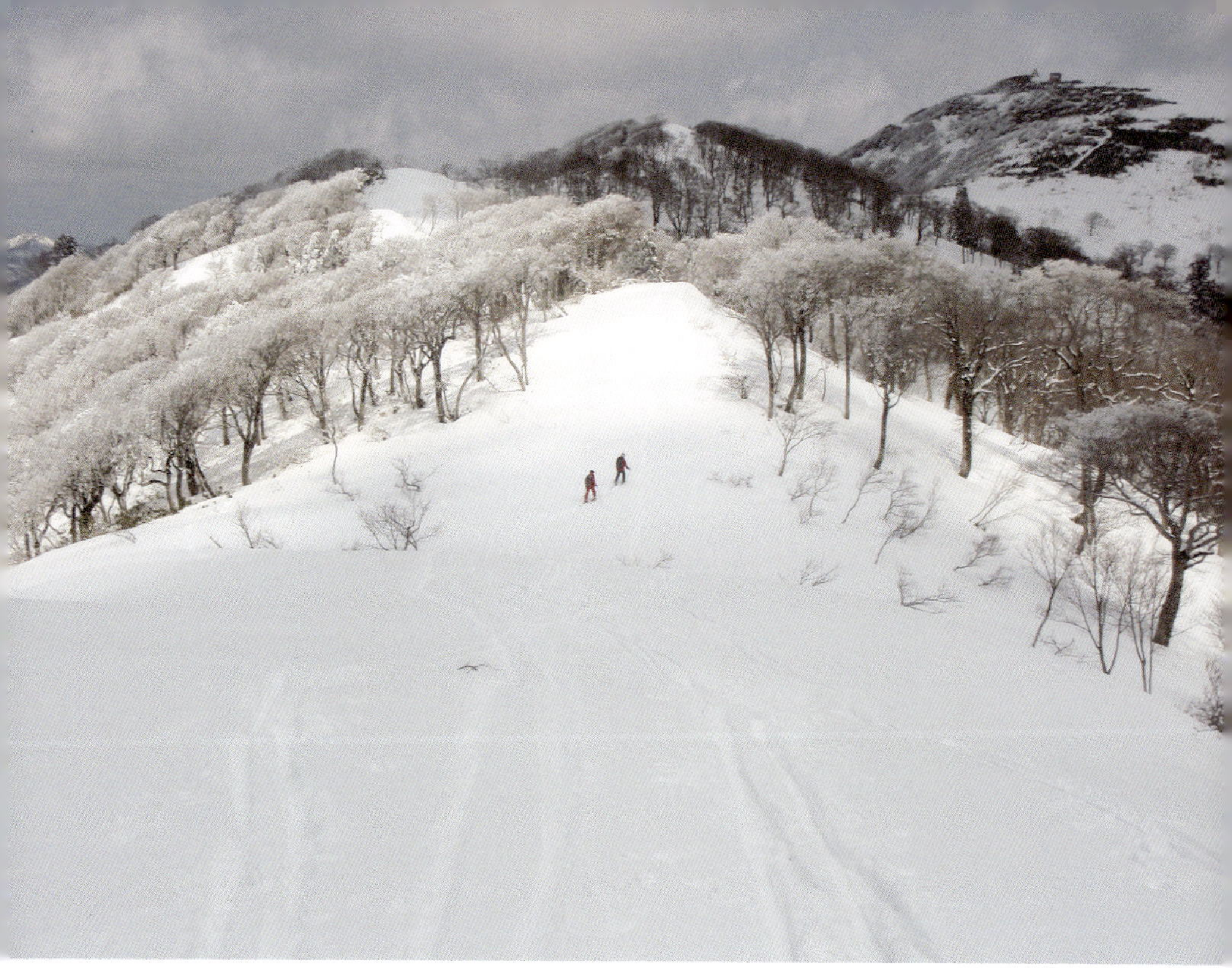

1

2

1三ノ丸から氷ノ山頂上へと向かう。ブナ林の霧氷が美しい。スケールの大きい稜線で、悪天候になれば怖いところだが、冬型が明けた今日は青空が広がり始めた。
2霧氷のブナ林を抜けて行くルート。積雪が減ってきて心配していたが、前日に新雪が積もってくれた。

兵庫県・鳥取県
氷ノ山

3

4

5

3山頂からの広大な斜面を気持ちよく滑った。山頂には多くの山スキーヤーがいたが、坂ノ谷から登ったのは我々だけだった。
4 坂ノ谷林道から広い尾根を進んで行くと、素晴らしいブナの巨木が並んでいた。
5三ノ丸から坂ノ谷へと滑る。斜面が緩すぎて滑らないが、大きなブナ林の中を滑る気持ちのいいスキー散歩だった。滑りを求める人には面白くないコースであろうが、私はこんなコースが好きだ。

関西とその周辺の雪山コース①

京都北山／スノーシュー

滋賀県・京都府

皆子山

皆子《みなご》山の一般登山道は谷コースが多いので、積雪期にはどれもルートにはなりにくい。ルートとしては東尾根コースが一般的で、近年では皆子山へのメインルートとなっており登りやすい。山頂からは比良の武奈ヶ岳が正面に望めるが、これといった見どころのない地味なコースといえるだろう。

比良山地／スノーシュー

滋賀県

烏谷山・比良岳

比良山系は積雪期でもアプローチに恵まれている。１０００ｍ以上の標高を持つ烏谷《からと》山、比良岳も、気軽に取り付ける山にもかかわらず、登山者は少ない。稜線は琵琶湖などのすばらしい眺望が開けている。ルートとしたキタダカ谷コースは、積雪が多いと木戸峠付近の小さな谷の横断に注意。

湖西朽木／スノーシュー

滋賀県

地蔵谷峰

朽木《くつき》の奥深い山だが、周りに集落があって里山といえる山で、雪の季節に登る人はほとんどない。しかし雪深い地なので、雪山登山コースとしても充分に楽しめ、能家《のうげ》集落周辺のどの尾根からも取り付ける。下りの場合は、谷の源流部はどこも急なので、地図をよく読んでルートを外さずに下りたい。

湖西江丹国境／スノーシュー

滋賀県・福井県

カベヨシ

カベヨシとは芦生《あしう》研究林境の三国峠の南にある８１８ｍ付近をさしている。針畑川生杉《はりはたがわおいすぎ》の大宮神社から尾根通しに辿ればカベヨシに至る。また生杉奥の地蔵峠への林道から、三国峠、地蔵峠、カベヨシと歩き、生杉へと延びる東尾根から途中の支尾根を下れば、周回コースが楽しめる。

野坂山地／スノーシュー

福井県・滋賀県

大御影山

大御影山《おおみかげやま》は標高は低いものの奥深く、冬は近づきにくい。日帰りでは滋賀県側からルートをとることができず、福井県側の松屋《まつや》からノロ尾を登る。どの支尾根から取り付くにしても距離があるので、雪が深ければ厳しいが、それだけに登り応えのある山となる。ノロ尾上部はブナ林が美しい。

野坂山地／スノーシュー

福井県

庄部谷山

庄部谷山《しょうぶだにやま》は無雪期はもちろん、積雪期に登る人はほとんどない。横谷川から尾根通しに登っているが、どの尾根も取り付きが急で苦しめられる。しかし尾根上は見事なブナ林が広がっていて、充実した雪山登山が楽しめる。横谷川は険しいので、下山の場合は谷奥へと下らないようにしたい。

鈴鹿山地／スノーシュー

三重県・滋賀県

日本コバ

ルートとしたのは無雪期のコースである藤川谷道で、雪がもぐりかなり難渋させられたが、何とか山頂に立つことができた。このコースは谷をトラバースする部分が多いので、雪が深ければ避けたほうが無難だが、奇人の窟《いわや》の急登や緩やかに広がる源流部など、変化にとんでいる。

鈴鹿山地／スノーシュー

三重県・滋賀県

鎌ヶ岳

鈴鹿山系の竜ヶ岳以南は積雪もぐんと減る。ピラミダルな山容が人気の鎌ヶ岳も、近年は冬期の雪も減ってきているので、積雪のある時を逃さず登りたい。積雪期は長石《ながいし》尾根が取り付きやすいので、登る人も多い。ほかに鎌尾根縦走も雪が多ければ、面白いコースとなる。

鈴鹿山地／スノーシュー

三重県・滋賀県

藤原岳

鈴鹿山系北部は冬の季節風の影響を受けるので、藤原岳の積雪は多い。ほとんどの登山者は大貝戸《おおかいと》道を登っており、降雪直後でないかぎりよく踏まれている。山上に藤原山荘があってトイレも設備されているので、手軽に登れる山として人気がある。しかし山稜は広大で悪天候時は厳しい山となる。

湖北山地／スノーシュー

滋賀県

大浦越

大浦越は日本海から大浦へと越える昔の通商ルートで、今も峠道が残されている。大浦越の北に東ヶ谷山、南に△533・4mがあり、国道161号から手軽に取り付ける雪山入門のコースとなるのだが、登る人はほとんどいない。距離は長くなるが、山門《やまかど》湿原からも東ヶ谷山、大浦越と周回できる。

江美国境山地／スノーシュー

滋賀県・岐阜県

虎子山

虎子山《とらす》は国見峠を挟んで伊吹山と向かい合う、あまり目立たない地味な山である。雪山のルートとしては、ほとんどが岐阜県側からの国見峠や国見スキー場から登られているようだが、滋賀県側の上板並《かみいたなみ》から登るのが面白い。かなり距離は長くなるが、雪が締まっていれば日帰りできる。

湖北山地／スノーシュー

滋賀県

五台山

虎子山からブンゲンの間は、積雪期にたまに縦走する人がいるようだが、単独の山としては登る人がほとんどいないのは残念だ。本文でもふれた笠岩山やこの五台山《こだいさん》など、積雪期ならではの、自分だけの山を楽しむことができる。吉槻《よしつき》の下谷《しもんたに》からは山仕事の道もあり、取り付きやすい。

湖北山地／スノーシュー・スキー

滋賀県
柳ヶ瀬山

豪雪地として有名な滋賀県余呉《よご》の積雪量は、柳ヶ瀬《やながせ》の積雪量が発表される。山地への入口となるところで、ここから奥は雪もぐんと増える。柳ヶ瀬山は柳ヶ瀬集落から無雪期なら1時間あまりで登れ、福井との県境にある。雪山初心者でも手軽に楽しめ、天気が良ければハイキング気分で登れる山となる。

湖北山地／スノーシュー

滋賀県
大平良山・賤ヶ岳

山稜から余呉湖と琵琶湖を眺める眺望は素晴らしく、気軽に取り付ける山なので、雪さえあれば楽しいコースである。余呉湖の周りの山稜を全周するのがいいが、新雪期であれば距離がありすぎる。中間の地点に飯《はん》ノ浦越の峠道の切り通しがあるので、半周コースとして二度に分けて歩く。

湖北山地／スノーシュー

滋賀県
己高山

己高山《こたかみやま》は無雪期は人気のある山だが、積雪期に登る人は少ない。ほとんどが無雪期と同じルートの古橋から登られているようで、私も昔スキーで登っている。別のルートとしては東側の草野川からも取り付ける。西俣谷の途中から支尾根を登り、主稜の南に出て己高山へと登っている。

湖北山地／スノーシュー

滋賀県
墓谷山

横山岳の南に位置する墓谷山《はかたにやま》は標高700m台で、東に杉野、西に上丹生《かみにゅう》の集落があって、新雪期でも取り付きやすい山である。登ったのは上丹生から△344・6m、559mと続く西尾根を往復した。うすい踏み跡があったが、寡雪の年で薮がうるさかった。上部は尾根も細くて面白い山だった。

湖北山地／スノーシュー

滋賀県
妙理山

滋賀県湖北の高時川流域の山々の中では取り付きやすい山である。菅並からの建設中止になったダム用車道を歩き、妙理《みょうり》川沿いの旧林道と合流したところから尾根に取り付く。妙理山主稜線に出ると山頂はすぐだ。下りは南東尾根から東妙理、菅並へと周回しており、ちょうど良い一日コースとなる。

湖北山地／スノーシュー

滋賀県
ショガ谷の尾

三国岳から上谷《かみたに》山、音波《おとなみ》山、栃ノ木峠へと続く江越《ごうえつ》国境の山はよく登られているが、その近江側前衛の山を歩く人は極めて少ない。中河内《なかのかわち》からウシロ谷左岸尾根に取り付いて、ショガ谷の尾、小音波に登って半明へと下りている。昔は山仕事の人が入ったのだろうが、今は登る人などほとんどいない。

江越国境山地／スノーシュー

滋賀県・福井県
971m

取り付きは高時川の半明《はんみょう》の下流からだが、中河内にゲートがあるので、取り付き点までは長い車道歩きとなる。取り付いてからも急斜面がしばらく続くが、これを我慢すれば県境稜線の９７１ｍまではそんなに距離もない。ほかにはスキー場のある栃ノ木峠から県境稜線の往復コースとなる。

江美国境山地／スノーシュー

滋賀県・岐阜県
神又

猫ヶ洞《ねこがほら》から北、三国岳までの岐阜と滋賀の県境の山は奥深く、雪が多くて近づきにくいだけに、雪山としての魅力ある山々が連なっている。高時《たかとき》川の奥川並《おくこうなみ》集落跡から登るのは左千方と同じだが、神又《かんのまた》の方が山頂までの距離が短いので登りやすい。この付近は奥深い地だが、皆伐状態で自然林は貧弱だ。

江美国境山地／ワカン

滋賀県・岐阜県
谷山・左千方

滋賀県側から左千方《させんぼう》へと雪の季節に登るとすると、時期が限られる。取り付きとなる高時川の小原、田戸《たど》へと車が入れるのが三月下旬から四月上旬で、その頃から稜線の雪が融けるまでの僅かな間を狙って登ることになる。雪さえあれば、距離は長いが充分届く範囲にあり、難しい箇所もない。

江越国境山地／スキー

福井県・滋賀県
上谷山

滋賀と福井の県境に位置し、滋賀県では最も積雪量が多い山である。滋賀県側からは奥深く、福井県側からがルートとなる。日野川に沿って広野、橋立、宇津尾《うつお》の集落があり、ここから延び上がる三本の尾根が、登高ルートとなる。宇津尾からの尾根に送電線が通っていて、一番取り付きやすい。

奥越山地／スキー

福井県
取立山

近畿圏では山スキーができる山は少なく、北陸や美濃、飛騨の山へと向かう。福井の取立山《とりたてやま》は何度も登っているが、雪国だけに積雪量も多く、目の前に見る白山の姿に圧倒される。アプローチがよく、林道が上部まで上がっているので、関西、東海圏からも手軽に取り付ける山となっている。

飛騨高地／スキー

岐阜県
帰雲山

もともと猿ヶ馬場《さるがばんば》に登るつもりだったのだが、時間がかかり帰雲山《きうんざん》で引き返した。白川村の中心部から浅い谷を登って林道に出て、尾根の斜面をトラバースする林道を登っている。深い新雪だったので登りは厳しかったが、下りは尾根上を滑って、林道に出てから往路の谷を滑っている。

あとがき

ここ十年ほどの雪山の記録から山を選んでいる。収録の条件は関西周辺の日帰りできる山としており、結果として私の地元の滋賀県の山が大半を占めてしまった。関西の山で日帰り可能の雪山となると、滋賀、京都、兵庫各県北部の山々が主になるが、特に私が滋賀南部に住む関係で、朝発で日帰りできる山となると、やはり滋賀県の山が多くなってしまう。それプラス前夜発で行ける、美濃、飛騨、越前などの、我が家からアプローチに便利な多雪地の山々を取り上げている。

選んだ山は標高は四〇〇〜一七〇〇メートル台の山となっている。その中でも気軽に雪山歩きを楽しめる山となると、千メートル前後の山となるだろうか。雪山では、千メートルを超えるくらいになると、低灌木が埋まって白い雪稜が続く稜線となる。雰囲気もがらりと変わり、ひと際美しい雪山の風景が広がる。ただ標高が上がるほど自然条件も厳しくなるので、日帰りの雪山となると、千メートルくらいの山が手頃に楽しめるのではないかと思う。本書ではそんな山がメインとなっている。

ここでは、山スキー、スノーシュー、ワカンなどでのコースとしているが、山スキーでは積雪量などで登れる山にも制限があり、比較的標高の高い飛騨や北陸の多雪地の山が多くなっている。本書を参考にして登る山を選ぶ場合、ここでは難易度はあまり触れていないので、単純に標高を基準にして選んでも、そんなに間違いはないものと思う。しかし標高が高い山でも、登山者の多い山となるとラッセルもなく簡単に登れてしまい、悪天候になった場合には、この簡易さが逆に落とし穴ともなりかねないので、注意したいところだ。

近年、山ガールという言葉で代表されるように、若い人、女性の登山者が多くなったのは嬉しい。ここ十年ほど前までは中高年登山者が多くを占めていたが、若い人が山を歩いているのを見ると、やはり活気を感じる。私が山を始めた頃（五〇年近く前）といえば、登山者のほとんどは三十代くらいまでで、四十代といえばもうおじいちゃんという感覚だったことを記憶しており、若者主体の熱気溢れるような時代だった。

しかしあらゆる装備が飛躍的に向上した今、私のような年齢の者でも雪山を楽しめる時代となってきた。基本的に深い雪を漕いで自分の力だけで雪の山を登るということは、昔も今も何ら変わっていないが、さまざまな新しい装備が援護してくれているのは間違いない。その中でも最も力強い味方がＧＰＳだと実感している。特に雪山でのルート確認では大きな安心感を与えてくれた。今も雪山を登り続けられるのは、最新の装備による力が大きいと思っているが、日帰り雪山登山での何よりも重要なことは、登山前には天気予報を必ず確認し、登山中に天候が悪化すれば山頂にはこだわらないことである。無理なことはをせず、雪山の風景を心から楽しんでいただきたい。

この本の中では多くの方々に雪山をともにしていただきました。ともに登れたことを感謝しております。また出版にあたっては、ナカニシヤ出版の中西健夫社長にお力をいただき、何とか形にすることができました。ありがとうございました。

二〇一六年　一〇月

草川　啓三

雪山を愉しむ

関西からの日帰り雪山登山

2016年12月11日　初版第1刷発行　定価はカバーに表示してあります

著者　草　川　啓　三

発行者　株式会社ナカニシヤ出版

〒606-8161　京都市左京区一乗寺木ノ本町15番地
電　話　075－723－0111
FAX　075－723－0095
振替口座　01030－0－13128
URL　http://www.nakanishiya.co.jp/
E-mail　iihon-ippai@nakanishiya.co.jp

落丁・乱丁本はお取り替えします。ISBN978-4-7795-1118-9 C0025

印刷・製本　宮川印刷株式会社
装丁・組版　草川啓三